保元・平治の乱

移りゆく勝者と敗者

ものがたり日本の乱 3

小前亮 著
斎賀時人 絵

理論社

ものがたり日本の乱 3

保元・平治の乱

移りゆく勝者と敗者

目次

登場人物

平清盛《たいらのきよもり》
平家の棟梁

鳥羽法皇《とばほうおう》
祖父の白河法皇につづき
院政をしく

崇徳上皇《すとくじょうこう》
鳥羽の息子、
白河の子ども説もある

後白河天皇《ごしらかわてんのう》（雅仁《まさひと》）
鳥羽の息子、崇徳の弟

藤原忠通《ふじわらのただみち》
関白

藤原頼長《ふじわらのよりなが》
忠通の弟、
忠通の養子になる

源為義《みなもとのためよし》

河内源氏の棟梁

源義朝《みなもとのよしとも》

為義の息子

鎌田正清《かまたまさきよ》

義朝の乳兄弟

藤原信頼《ふじわらののぶより》

後白河を支える
院近臣

信西《しんぜい》

後白河を支える、
学識に優れた僧

登場人物の関係・系図

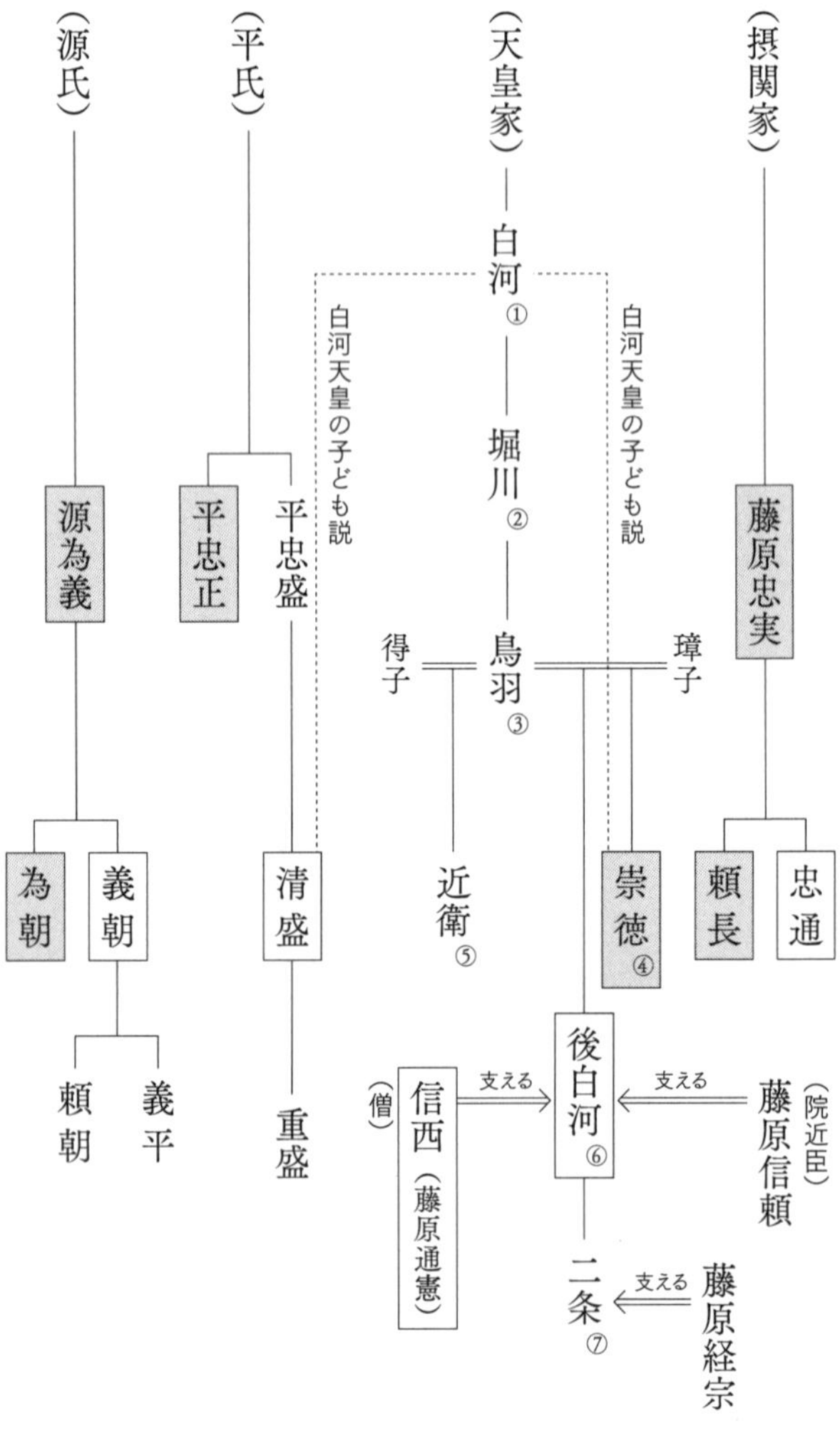

□＝保元の乱・勝者

■＝保元の乱・敗者

数字は皇位継承順

一章
親子の仲

1

京の街に、妙《みょう》なうわさが流れていた。

「天皇陛下《てんのうへいか》がご病気らしい」

「ああ、まもなく譲位《じょうい》だそうだ」

「それは嘘《うそ》らしいぞ。関白《かんぱく》様の陰謀《いんぼう》だと聞いた」

平清盛《たいらのきよもり》は、部下から報告《ほうこく》を聞いて、太い眉《まゆ》をひそめた。

「火のないところに煙《けむり》は立たず、と言うが、実際《じっさい》には、火の気がなくてもうわさは生じるものだ。ただし、その場合《ばあい》は、うわさによって利益《りえき》を得《え》る者はだれか、考える必要がある」

仁平《にんぺい》三年（西暦《せいれき》一一五三年）の秋である。清盛《きよもり》はこの年、平家《へいけ》の棟梁《とうりょう》すなわち当主となっていた。年齢《ねんれい》は数え三十六歳《さい》、働きざかりで、心身ともに充実《じゅうじつ》している。

清盛《きよもり》は堂々《どうどう》とした体格《たいかく》の持ち主だ。髪《かみ》も眉《まゆ》もあごひげも黒々《くろぐろ》としており、目鼻立ちもはっきりしていて、迫力《はくりょく》のある外見である。ぎょろりとした目でにらまれたら、胆《きも》の小さい者はふるえあがるだろう。

平家《へいけ》をたばねる清盛《きよもり》は、武家《ぶけ》の頂点《ちょうてん》に立っている。白河法皇《しらかわほうおう》が院政《いんせい》をしいて、大きな権力《けんりょく》をにぎっていたとき、清盛《きよもり》の父、忠盛《ただもり》は、法皇《ほうおう》を支《ささ》える武士《ぶし》として信《しん》頼《らい》され、出世を重ねた。清盛《きよもり》はそれを受け継《つ》いでいる。

院政《いんせい》というのは、天皇《てんのう》の直系《ちょっけい》、父や祖父《そふ》にあたる上皇《じょうこう》や法皇《ほうおう》が政治《せいじ》の実権《じっけん》をにぎる体制《たいせい》だ。上皇《じょうこう》は位をゆずった元天皇《てんのう》、法皇《ほうおう》は出家した上皇《じょうこう》を指す。上皇《じょうこう》や法《ほう》皇《おう》による院政《いんせい》は、藤原《ふじわら》氏が摂政《せっしょう》や関白《かんぱく》として実権《じっけん》をにぎる摂関政治《せっかんせいじ》に変わって、おこなわれるようになった。

摂関政治《せっかんせいじ》では、藤原《ふじわら》氏が娘《むすめ》を天皇《てんのう》に嫁《とつ》がせ、娘《むすめ》の子を天皇《てんのう》として、権力《けんりょく》を得《え》ていた。しかし、十一世紀《せいき》の後半、母が藤原《ふじわら》氏の娘《むすめ》ではない後三条天皇《ごさんじょうてんのう》が即位《そくい》したことから、藤原《ふじわら》氏の力がおとろえはじめる。

後三条天皇《ごさんじょうてんのう》は、藤原氏《ふじわら》と縁《えん》の薄《うす》い白河天皇《しらかわてんのう》に譲位《じょうい》して、天皇《てんのう》家の力を強めようとした。白河天皇《しらかわてんのう》は藤原氏《ふじわら》と協力していたが、幼《おさな》い孫、鳥羽天皇《とばてんのう》の即位《そくい》を機に院《いん》政《せい》をはじめる。摂関《せっかん》家、すなわち摂政《せっしょう》、関白《かんぱく》を出す藤原《ふじわら》氏の一族は、代替《だいが》わりしたところであって、白河上皇《しらかわじょうこう》に対抗《たいこう》できなかった。

現在《げんざい》の天皇《てんのう》は近衛天皇《このえてんのう》、院政《いんせい》をしいているのは、父の鳥羽法皇《とばほうおう》である。

「即位《そくい》の事情《じじょう》からすると、すんなり譲位《じょうい》とはいかないだろうな」

清盛《きよもり》は考えこんだ。

近衛天皇《このえてんのう》の先代は、崇徳天皇《すとくてんのう》である。同じく鳥羽法皇《とばほうおう》の息子《むすこ》だ。ただ、鳥羽法《とばほう》皇《おう》と崇徳天皇《すとくてんのう》は親子なのに仲が良くなかった。鳥羽法皇《とばほうおう》は、崇徳天皇《すとくてんのう》が二十三歳《さい》のときに退位《たいい》させ、三歳《さい》の近衛天皇《このえてんのう》を即位《そくい》させている。

これは、鳥羽《とば》が院政《いんせい》をつづけるとともに、崇徳《すとく》に将来《しょうらい》、院政《いんせい》をさせないための策《さく》であった。息子《むすこ》が天皇《てんのう》ならば院政《いんせい》ができるが、弟や甥《おい》が天皇《てんのう》だと基本的《きほんてき》にはできないのだ。

しかし、近衛天皇《このえてんのう》が譲位《じょうい》するとなると、一番有力な候補《こうほ》は崇徳《すとく》の息子《むすこ》になる。その場合《ばあい》、崇徳《すとく》に院政《いんせい》をおこなう資格《しかく》が生まれる。

「それとも、他の天皇《てんのう》の候補《こうほ》がいるのだろうか」

清盛《きよもり》は何人かの皇族《こうぞく》の顔を思い浮《う》かべた。ふさわしい者はいないように思えるが、法皇《ほうおう》や関白《かんぱく》には別の考えがあるのかもしれない。

「せいぜい派手《はで》に争ってくれ」

清盛《きよもり》はつぶやいた。皇族《こうぞく》や貴族《きぞく》が争えば、清盛《きよもり》たち武士《ぶし》の活躍《かつやく》する機会が生まれる。清盛《きよもり》は鳥羽法皇《とばほうおう》とも崇徳上皇《すとくじょうこう》とも、良好な関係をきずいていた。二人が争うなら、勝ちそうなほうに味方するつもりだ。

清盛《きよもり》は次に、交易《こうえき》に関する報告《ほうこく》を受けた。利益《りえき》の額《がく》ににんまりとしながらも、担当《たんとう》の家臣に注意する。

「よいか、商《あきな》いというのは、こちらのもうけばかり考えていてはならんのだぞ。互《たが》いに利益《りえき》をあげてこそ、長くつづけられるのだ。心してやってくれ」

「御意《ぎょい》にございます」

「新しい航路《こうろ》や港さがしも積極的にな」

清盛《きよもり》の頭のなかには、西日本と西の大陸の地図が広げられている。

中国の南宋《なんそう》との日宋貿易《にっそうぼうえき》は、遣唐使《けんとうし》のような国家事業ではなく、民間の商人によっておこなわれていた。宋《そう》の商人が北九州の港を訪《おとず》れて、金、銀、硫黄《いおう》、刀剣《とうけん》、木材などを買い、銅銭《どうせん》、医薬品、陶磁器《とうじき》などを売る。

日宋貿易《にっそうぼうえき》に目をつけたのは、父の忠盛《ただもり》である。忠盛《ただもり》は貿易《ぼうえき》で手に入れた珍《めずら》しい品物を白河法皇《しらかわほうおう》に贈《おく》ってかわいがられた。また、武家《ぶけ》らしく瀬戸内海《せとないかい》の海賊《かいぞく》を退《たい》治《じ》して、海上交通を盛《さか》んにしている。清盛《きよもり》は安芸守《あきのかみ》の地位について、瀬戸内海《せとないかい》を支配下《しはいか》におさめ、さらに交易《こうえき》を拡大《かくだい》しようとしていた。

「金と兵力があれば、どのような事態《じたい》が起きても対応《たいおう》できる。他人をあてにせず、自分の力を高めることだ」

清盛《きよもり》はみずからに言い聞かせていた。法皇《ほうおう》にしても関白《かんぱく》にしても、ひとりの人

物に頼《たよ》っていては、その人が力を失ったときに、自分も倒《たお》れてしまう。それは避《さ》けるべきだ。

父の忠盛《ただもり》は、急速に成り上がったにもかかわらず、人当たりがよく、へりくだっていたので、味方が多かった。その人脈《じんみゃく》は経済力《けいざいりょく》とともに、清盛《きよもり》の武器《ぶき》になっている。父を見習わなければならない。

父は死ぬまぎわに清盛《きよもり》を呼《よ》んだ。床《とこ》についたまま、語りかける。

「おまえに言っておきたいことがある」

清盛《きよもり》は少し迷《まよ》ってから、口を開いた。

「……私《わたし》の生まれについてでしょうか」

父は苦しげにうなずいた。

清盛《きよもり》の出生については、妙《みょう》なうわさが流れていた。本当の父親は忠盛《ただもり》ではなく、白河法皇《しらかわほうおう》なのだという。清盛《きよもり》の母は、白河《しらかわ》が愛していた祇園女御《ぎおんにょうご》に仕える娘《むすめ》だった。白河《しらかわ》から忠盛《ただもり》に与《あた》えられたのだが、そのときすでに、白河《しらかわ》の子を宿していたたのだという。白河《しらかわ》と祇園女御《ぎおんにょうご》が清盛《きよもり》をかわいがっていたので、うわさが広まった。

清盛《きよもり》は忠盛《ただもり》の言葉を待った。自分の本当の父親がどちらなのか、もちろん興味《きょうみ》はある。

顔は白河《しらかわ》にも忠盛《ただもり》にも似《に》ていると言えば似《に》ているし、似《に》ていないと言えば似《に》ていない。見る人によってさまざまである。母親はすでに亡《な》くなっているから、証言《しょうげん》は得《え》られない。

「正直なところ、真相はわからん」

忠盛《ただもり》は目を閉《と》じた。

「だが、わしは実の息子《むすこ》と思って育ててきた」

「私《わたし》も、実の父と思って仕えてきました」

清盛《きよもり》には、忠盛《ただもり》の心のうちはわからない。複雑《ふくざつ》ではあっただろう。しかし、たとえだれもいないところであっても、忠盛《ただもり》は清盛《きよもり》を嫌《きら》うようなそぶりを見せなかった。

二人はごく自然な親子の関係であった。いや、親子で争う例が少なくない時代だから、普通《ふつう》よりも仲の良い、信頼《しんらい》しあった関係だったと言えるかもしれない。

「利用できるものは利用しろ。うわさを武器《ぶき》にするのだ。だれが父親だろうが、おまえはおまえだ。それを忘《わす》れるな」

忠盛《ただもり》はかすかに笑ったようだった。

「そのようにします」

清盛《きよもり》は父の考え方が好きだった。清盛《きよもり》はただの武士《ぶし》ではありえない速さで出世している。それゆえ、白河《しらかわ》の隠《かく》し子だと言われるのだが、そのうわさがあるから、反感がおさえられている面もある。白河《しらかわ》の子なら仕方ない、とみなされるのだ。

「私《わたし》はあなたの子でよかったと思っていますよ」

清盛《きよもり》が言うと、忠盛《ただもり》はかすかに身じろぎした。

「……親に気を使うな」

それから数日後、忠盛《ただもり》は亡《な》くなった。五十八歳《さい》だった。

忠盛《ただもり》に告《つ》げたのは、清盛《きよもり》の本心であった。白河《しらかわ》の息子《むすこ》であれば皇族《こうぞく》だが、母の身分は低く、天皇《てんのう》になれるわけではない。僧《そう》になるしかなかっただろう。平家《へいけ》の棟梁《とうりょう》になるほうが、はるかにおもしろい。

「あなたの夢《ゆめ》は、私《わたし》が引き継《つ》ぎます」

清盛《きよもり》は亡《な》き父に誓《ちか》った。忠盛《ただもり》は公卿《くぎょう》、すなわち従三位《じゅさんみ》以上の位に進むことを目標としていた。本来、武士《ぶし》には与《あた》えられない位だが、忠盛《ただもり》は手の届《とど》くところまで来ていた。

まずは公卿《くぎょう》に、そしてその先に。

清盛《きよもり》は野心を胸《むね》に抱《いだ》きつつ、皇族《こうぞく》や貴族《きぞく》たちの争いをながめている。

2

摂政《せっしょう》は幼《おさな》い天皇《てんのう》を助ける役職《やくしょく》、関白《かんぱく》は成人した天皇《てんのう》を助ける役職《やくしょく》で、藤原氏《ふじわら》の一族、摂関家《せっかん》の者が代々《だいだい》、この地位についている。

しかし、今、摂関家《せっかん》は親子が対立して、分裂《ぶんれつ》の危機《きき》にあった。

関白《かんぱく》の地位にあるのは藤原忠通《ふじわらのただみち》、五十七歳《さい》である。二十五歳《さい》で関白《かんぱく》となってから、三十年以上もその地位を保《たも》っているが、政治《せいじ》的な力は強くない。父の藤原忠実《ふじわらのただざね》の発言力が大きいためである。

忠通《ただみち》には後継《あとつ》ぎの男子がいなかったので、父の命令で弟の頼長《よりなが》を養子にしていた。ところが、四十歳《さい》を過《す》ぎてから、つづけて息子《むすこ》が生まれた。忠通《ただみち》は息子《むすこ》に後を継《つ》がせようと、弟との養子縁組《えんぐみ》をなかったことにした。

これに、父の忠実《ただざね》が怒《いか》った。

「あの愚《おろ》か者め、わがままにもほどがあろう。後継《あとつ》ぎは頼長《よりなが》だ」

頼長《よりなが》は忠通《ただみち》と二十歳《さい》以上、年がはなれている。忠実《ただざね》にとっては、遅《おそ》くに産まれた息子《むすこ》であり、また頭が切れたので、とくにかわいがっていた。

「父上の言うとおりだ。兄上は遠慮《えんりょ》というものを知るべきだろう」

頼長《よりなが》はそう思っていた。他人の前では気持ちを口にせず、自分では礼儀《れいぎ》を守っているつもりなのだが、兄に対する反感は隠《かく》せていない。

頼長《よりなが》は学問好きで知られていた。日本の歴史《れきし》や儀礼《ぎれい》を学ぶだけでなく、中国の歴史《れきし》や政治《せいじ》、儀礼《ぎれい》に関する書物を読みあさっている。その知識《ちしき》は並《なら》ぶ者がいない。

ただ、今おこなわれている習慣《しゅうかん》よりも、昔の決まりを重んじて、口やかましく注意するので、目下の者からは嫌《きら》われていた。

「聖徳太子《しょうとくたいし》の政治《せいじ》が理想だ。十七条《じょう》の憲法《けんぽう》を今一度、学びなおすのだ」

そう主張《しゅちょう》しても、人はついてこないのだ。

頼長《よりなが》には、「悪左府《あくさふ》」というあだながある。「左府」というのは左大臣のことで、「悪」は悪いという意味ではなく、強い、型破《かたやぶ》りだ、という意味である。

頼長《よりなが》は自分が正しいと思うと、人の気持ちを考えずに行動するので、鳥羽法皇《とばほうおう》の側近や僧《そう》など、様々な者といざこざを起こしている。もめる相手は兄の忠通《ただみち》だけではないのだ。

忠通《ただみち》と頼長《よりなが》は、近衛天皇《このえてんのう》に自分の養女を嫁《とつ》がせようとして争った。

この身内同士《どうし》の争いに、院政《いんせい》をおこなう鳥羽《とば》はうんざりしている。

「いいかげんにしてほしいものだ。摂関家《せっかん》が力をもちすぎるのは困《こま》るが、内輪もめばかりしていては、政治《せいじ》が乱《みだ》れてしまう」

実権《じっけん》をにぎっているのは鳥羽《とば》だが、摂関家《せっかん》の二人が争っていると、ささいな問題も大きくなって、すんなりとはいかない。

「何とか仲直りしてくれないものか」

鳥羽《とば》は、二人のうちどちらかを選ぼうとはしなかった。忠通《ただみち》と頼長《よりなが》の養女はともに近衛天皇《このえてんのう》に嫁《とつ》がせることと定《さだ》める。

その結果、忠通《ただみち》と頼長《よりなが》の兄弟対立はますますひどくなった。二人の父の忠実《ただざね》は、はっきりと頼長《よりなが》の側についている。

「私《わたし》の許《ゆる》しなく、陛下《へいか》に娘《むすめ》を嫁《とつ》がせるなど、信じられない悪行だ」

忠実《ただざね》は忠通《ただみち》と親子の縁《えん》を切って、頼長《よりなが》に摂関家《せっかん》を継《つ》がせた。しかし、関白《かんぱく》の地位までは奪《うば》えなかった。

近衛天皇《このえてんのう》は忠通《ただみち》の味方だった。忠通《ただみち》は関白《かんぱく》として近衛《このえ》の側《そば》に仕えており、頼長《よりなが》の悪口を吹《ふ》きこんでいる。

「頼長《よりなが》は嫌《いや》なやつだ。顔も見たくない」

近衛《このえ》は、宮中で頼長《よりなが》にあいさつされても、目をそらして無視《むし》する。周囲《しゅうい》の者がはらはらしても、かまわなかった。

忠通《ただみち》は、自分の養女が近衛天皇《このえてんのう》の後継《あとつ》ぎを産んでくれたら、と願っていた。そうなれば、いずれ近衛《このえ》が院政《いんせい》をしくことになる。頼長《よりなが》との争いは、忠通《ただみち》の勝利で決着がつくだろう。

しかし、もともと病弱だった近衛天皇《このえてんのう》は、いよいよ病が重くなり、子どもをつくれないどころか、命まで危《あや》うくなってしまった。そこで、譲位《じょうい》の話が出てきたのである。

忠通《ただみち》にとって、近衛《このえ》は一番の味方だ。本来、譲位《じょうい》されては困《こま》る。

「だが、もし次を決めずに亡《な》くなってしまったら、私《わたし》の味方はいなくなってしまうかもしれない」

忠通《ただみち》は鳥羽法皇《とばほうおう》の孫の守仁親王《もりひとしんのう》を天皇《てんのう》にしようとした。まだ十一歳《さい》の少年である。

この提案《ていあん》を受けた鳥羽法皇《とばほうおう》は首をかしげた。

「天皇《てんのう》の具合《ぐあい》はそれほど悪いのか？」

「さようでございます。まことにおいたわしいことながら、長くはないかもしれません」

近衛天皇《このえてんのう》の世話をしているのは関白《かんぱく》の忠通《ただみち》だから、父親の鳥羽《とば》よりも近衛《このえ》の状態《じょうたい》にはくわしい。

「しかし、譲位《じょうい》はまだ早かろう。それに、守仁《もりひと》を天皇《てんのう》にはできん。父が天皇《てんのう》になっておらぬではないか」

守仁親王《もりひとしんのう》の父、雅仁親王《まさひとしんのう》は健在《けんざい》である。それをさしおいて、息子《むすこ》のほうを天皇《てんのう》に、という前例はなかった。

「ですが、雅仁親王殿下《まさひとしんのうでんか》はその……」

「それはわかっておる」

雅仁《まさひと》は鳥羽法皇《とばほうおう》の息子《むすこ》だが、四男で天皇《てんのう》になる見込《みこ》みがなかったため、日夜、遊び暮《く》らしている。とくに民《たみ》の間で流行《はや》っている歌が大好きで、声がつぶれるまで歌うので、みな迷惑《めいわく》していた。また、旅芸人など得体《えたい》の知れない者たちを呼《よ》んで遊ぶことでも、眉《まゆ》をひそめられている。

「雅仁《まさひと》を天皇《てんのう》にするわけにはいかん。だから、守仁《もりひと》も無理だ」

「そうなると、候補《こうほ》がかぎられてきますが……」

忠通《ただみち》は声をひそめた。有力な候補《こうほ》は崇徳上皇《すとくじょうこう》の息子《むすこ》だが、鳥羽法皇《とばほうおう》はそれを許《ゆる》したくない。

「とにかく、今はまだ早い」

鳥羽《とば》は忠通《ただみち》の提案《ていあん》をしりぞけた。忠通《ただみち》は若《わか》い守仁親王《もりひとしんのう》を天皇《てんのう》にして、自分が権《けん》力《りょく》をにぎりたいのだろう。

「まったくどいつもこいつも自分のことばかり考えておる」

鳥羽《とば》はなげいた。

「このままでは、将来《しょうらい》、大変なわざわいが起こるぞ」

最悪の事態《じたい》を想像《そうぞう》して、鳥羽《とば》は身ぶるいした。今は自分がにらみをきかせているから、天皇《てんのう》家と摂関《せっかん》家の争いはかろうじて爆発《ばくはつ》せずにすんでいる。だが、自分の死後はどうなるか。皇族《こうぞく》や貴族《きぞく》は流血を嫌《きら》うが、武器《ぶき》をとっての戦いになるかもしれない。

「そうなると、あの者たちが出てくるだろうな」

鳥羽《とば》は武士《ぶし》の姿《すがた》を思い浮《う》かべた。

平清盛《たいらのきよもり》がひきいる平家《へいけ》はまだよい。朝廷《ちょうてい》に仕えた経験《けいけん》が長く、道理がわかっていて話が通じる。

他に、河内源氏《かわちげんじ》という武士《ぶし》の集団《しゅうだん》がいて、棟梁《とうりょう》の源為義《みなもとのためよし》は京の治安を守る検《け》非違使《びいし》などの役職《やくしょく》についていた。ただ、この集団《しゅうだん》は乱暴者《らんぼうもの》ぞろいで、暴行《ぼうこう》や略奪《りゃくだつ》をするなど、あちこちで問題を起こしている。

鳥羽《とば》は源 為義《みなもとのためよし》を遠ざけていたが、為義《ためよし》は摂関《せっかん》家に近づいて、藤原忠実《ふじわらのただざね》、頼長《よりなが》父子のために働いていた。

京の街を武士《ぶし》たちが我《わ》が物顔で歩く光景を、鳥羽《とば》は見たくなかった。見たくないのだが、犯罪者《はんざいしゃ》をつかまえたり、もめごとを解決《かいけつ》したりするのに、武士《ぶし》の力が必要だった。とくに、僧《そう》に武装《ぶそう》させている寺社に対抗《たいこう》するため、朝廷《ちょうてい》も武力《ぶりょく》を持たなければならない。

「世の中は、どんどん悪いほうへ進んでいくようだな」

鳥羽《とば》はため息をついた。ただ、それを防《ふせ》ぐために何をすればよいのかわからない。争う者たちが愚《おろ》かなまねをしないよう、祈《いの》るばかりであった。

3

近衛天皇《このえてんのう》はいったん病から回復《かいふく》した。そのため、譲位《じょうい》の話も立ち消えていたのだが、健康は戻《もど》らず、二年後の久寿《きゅうじゅ》二年（西暦《せいれき》一一五五年）七月に世を去った。

「何と……」

鳥羽法皇《とばほうおう》は息子《むすこ》の死に言葉を失った。悲しんでいるのではなかった。次の天皇《てんのう》をだれにするかで、頭がいっぱいである。

候補《こうほ》は二年前と変わらない。守仁親王《もりひとしんのう》か、崇徳上皇《すとくじょうこう》の息子《むすこ》か。二人とも、鳥羽《とば》法皇《ほうおう》にとっては孫にあたる。鳥羽《とば》の院政《いんせい》はつづくが、自分が亡《な》き後のことも考えなければならない。そうなると、崇徳《すとく》の息子《むすこ》という選択肢《せんたくし》はなかった。

鳥羽《とば》が崇徳《すとく》を嫌《きら》うのは、崇徳《すとく》の出生にまつわるうわさのためだ。崇徳《すとく》もまた、白河法皇《しらかわほうおう》の息子《むすこ》ではないか、と言われているのである。

鳥羽《とば》は祖父《そふ》である白河《しらかわ》が苦手だった。祖父《そふ》はいつも偉《えら》そうで、おしつけがましかった。その命令にしたがうのが嫌《いや》でたまらなかった。うわさは真実ではないと思っているが、崇徳《すとく》を見ると、祖父《そふ》の顔がちらつくのだ。

「やはり守仁《もりひと》か」

鳥羽法皇《とばほうおう》は心を決めた。

ただ、側近たちの意見を聞くと、反対の声が多かった。父の雅仁親王《まさひとしんのう》をとばして守仁《もりひと》を天皇《てんのう》にするのは、抵抗《ていこう》があるという。

「中継《なかつ》ぎに女帝《じょてい》を立ててはいかがでしょう」

そういう案も出てきたが、問題を先延《さきの》ばしするだけで、解決《かいけつ》にはならない。

法皇《ほうおう》は関白忠通《かんぱくただみち》の意見をもとめた。

「忠通《ただみち》は守仁《もりひと》を望むだろうから、忠通《ただみち》に貴族《きぞく》たちを説得《せっとく》させればよい」

そう考えたのだが、忠通《ただみち》の答えは意外なものだった。

「雅仁親王殿下《まさひとしんのうでんか》に即位《そくい》していただきましょう」

法皇《ほうおう》はおどろいて聞き返した。

「守仁《もりひと》ではなく、雅仁《まさひと》なのか」

「さようでございます。父をさしおいて息子《むすこ》に、というのは、道理に合わないと考えます」

「しかし、そなたは二年前、守仁《もりひと》に譲位《じょうい》せよ、と言ったではないか」

忠通《ただみち》はすまして応《おう》じる。

「そのときとは事情《じじょう》が違《ちが》います」

どういう事情《じじょう》かは、忠通《ただみち》は口にしなかった。

忠通《ただみち》は近衛天皇《このえてんのう》の妻《つま》の父である。近衛《このえ》が生きていれば、いずれその息子《むすこ》つまり忠通《ただみち》の孫を天皇《てんのう》に、という希望がある。ただ、近衛《このえ》は息子《むすこ》をもうけずに死んでしまったため、その望みはなくなった。

そこで忠通《ただみち》は、雅仁親王《まさひとしんのう》に接近《せっきん》したのである。雅仁《まさひと》を帝位《ていい》につけて恩《おん》を売ろうとたくらんでいる。

「雅仁《まさひと》に天皇《てんのう》がつとまるのか」

「すぐに譲位《じょうい》させればよろしいでしょう」

遊び人の雅仁《まさひと》と違《ちが》って、息子《むすこ》の守仁《もりひと》はまだ少年ながら、よく勉強する賢《かしこ》い子だという評判《ひょうばん》であった。

ただ、その流れだと、雅仁《まさひと》が院政《いんせい》をおこなう将来《しょうらい》がありえる。鳥羽法皇《とばほうおう》は悩《なや》んだが、崇徳《すとく》よりはまし、という結論《けつろん》に達した。

「よし、では雅仁《まさひと》を天皇《てんのう》としよう」

貴族《きぞく》たちも賛成《さんせい》し、雅仁親王《まさひとしんのう》が即位《そくい》した。これが後白河天皇《ごしらかわてんのう》である。年齢《ねんれい》は二十九歳《さい》、この時代にはめずらしい、成人になってからの即位《そくい》であった。

「ふはは、ついに朕《ちん》の時代が来たぞ。このような幸運がまいこんでくるとは思わなかった」

後白河天皇《ごしらかわてんのう》は大喜《おおよろこ》びである。近衛天皇《このえてんのう》が死んだばかりだというのに、喜《よろこ》びの歌声がつい大きくなって、貴族《きぞく》たちは眉《まゆ》をひそめた。

一方、崇徳上皇《すとくじょうこう》は絶望《ぜつぼう》にうちひしがれていた。

「私《わたし》が何をしたというのだ。次の天皇《てんのう》は息子《むすこ》のはずだったのに。あの道楽者が天《てん》皇《のう》になるなど、許《ゆる》せるものか」

崇徳《すとく》の味方は摂関《せっかん》家の藤原忠実《ふじわらのただざね》と頼長《よりなが》であった。

というより、忠実《ただざね》と頼長《よりなが》は、崇徳《すとく》と同じような立場《たちば》におかれていた。

「天皇陛下《てんのうへいか》がお亡《な》くなりになったのは、頼長《よりなが》が呪《のろ》ったせいだ」

そういううわさが流れたため、忠実《ただざね》と頼長《よりなが》は鳥羽法皇《とばほうおう》に遠ざけられていたのである。次の天皇《てんのう》をどうするかという相談も、二人にはなかった。

「おれは呪《のろ》ってなどいない」

頼長《よりなが》は主張《しゅちょう》したが、信じる者は多くない。

関白忠通《かんぱくただみち》は呪《のろ》いのうわさが事実かどうかたしかめようと、巫女《みこ》を呼《よ》んで儀式《ぎしき》をおこなった。近衛《このえ》の霊《れい》を呼《よ》び出して、真相をたずねようというのだ。

お香のにおいがたちこめる小さな部屋で、巫女《みこ》が祈《いの》りの文句《もんく》を唱える。やがて巫女《みこ》は意識《いしき》を失った。

近衛《このえ》の霊《れい》が、巫女《みこ》の口を借りて語る。

「愛宕《あたご》山の天狗像《てんぐぞう》を調べよ。頼長《よりなが》が天狗《てんぐ》の目に釘《くぎ》を打ちこんで呪《のろ》った。そのせいで、朕《ちん》は病に倒《たお》れたのだ」

忠通《ただみち》はただちに愛宕《あたご》山に人をやって調べさせた。すると、神社にある天狗像《てんぐぞう》の目にたしかに釘《くぎ》が刺《さ》さっていた。釘《くぎ》はさびついており、五、六年前からあるという。

「これではっきりした。頼長《よりなが》の仕業《しわざ》だ」

忠通《ただみち》は高らかに宣言《せんげん》した。近衛《このえ》が頼長《よりなが》を嫌《きら》っていたことは知らぬ者がいないから、大勢《おおぜい》の者が信じた。鳥羽法皇《とばほうおう》もそのひとりである。

「あの者たちはもう、政治《せいじ》にかかわらせたくない」

鳥羽《とば》は忠実《ただざね》と頼長《よりなが》を突《つ》き放した。罪《つみ》には問わなかったが、政治《せいじ》の権限《けんげん》はとりあげた。忠実《ただざね》はさまざまな人脈《じんみゃく》を使って、鳥羽《とば》の怒《いか》りを解《と》こうとしたが、なかなかうまくはいかなかった。

4

源義朝《みなもとのよしとも》は、為義《ためよし》の息子《むすこ》である。狼《おおかみ》のようなするどい目をしているが、笑うと意外に人なつっこい顔になる。だれとでもよく話してよく笑うので、男女を問わず人気があった。

しかし、義朝《よしとも》は父の為義《ためよし》に嫌《きら》われており、後継《あとつ》ぎの地位を弟に奪《うば》われていた。そのうえ、まだ少年だったにもかかわらず、東国の武士《ぶし》をまとめてこい、と京を追い出されてしまった。

理由はわからない。義朝《よしとも》の母が、為義《ためよし》が仕える摂関《せっかん》家に嫌《きら》われていたからだと、人は言う。為義《ためよし》は義朝《よしとも》に、「おまえの目つきが気に食《く》わない」と言っていた。

「おれは父をこえる。源氏《げんじ》の棟梁《とうりょう》の地位を、実力で奪《うば》いとってやる」

義朝《よしとも》はそう誓《ちか》って、関東に下った。

東国の武士《ぶし》たちは、もともと河内源氏《かわちげんじ》を主君としている。義朝《よしとも》は南関東の有力武士《ぶし》にむかえられ、相模国《さがみのくに》（今の神奈川県）に拠点《きょてん》をきずいた。

「おれは河内源氏《かわちげんじ》の跡取《あとと》りだ。天皇《てんのう》家や摂関《せっかん》家の支援《しえん》も受けている」

義朝《よしとも》はそう語り、地元の武士《ぶし》との縁組《えんぐみ》をし、さらには武力《ぶりょく》も用いて勢力《せいりょく》を広げた。

鳥羽法皇《とばほうおう》は、義朝《よしとも》には好意的であった。

「あの義朝《よしとも》というのは、父親とは違《ちが》って、なかなか頼《たよ》りになる男らしいな。悪さをしないようで、評判《ひょうばん》がいい」

皇族《こうぞく》や貴族《きぞく》は、地方で多くの荘園《しょうえん》を持っている。また、院近臣《いんのきんしん》と呼《よ》ばれる法皇《ほうおう》や上皇《じょうこう》の側近が、国司、つまり地方の長官をつとめている例もあり、京には東国の情報《じょうほう》が入っていた。

義朝《よしとも》は東国をまとめて京に戻《もど》った。鳥羽法皇《とばほうおう》や藤原忠通《ふじわらのただみち》に近づき、さらなる出世をめざす。院近臣《いんのきんしん》たちとのつながりが役に立った。

鳥羽《とば》はその働きを認《みと》めた。

「うむ、義朝《よしとも》は若《わか》いのに道理をわきまえている。今後も我《わ》が力となってもらおう」

仁平《にんぺい》三年（西暦《せいれき》一一五三年）に、義朝《よしとも》は従五位下《じゅごいげ》、下野守《しもつけのかみ》に任《にん》じられた。このとき、三十一歳《さい》で、平清盛《たいらのきよもり》より五歳若《さいわか》い。

「これで満足はしないぞ」

義朝《よしとも》は不敵《ふてき》に笑った。

官位では父をこえたが、これで終わりではない。父を倒《たお》して源氏《げんじ》の棟梁《とうりょう》へ、そしてさらに官位をあげていく。義朝《よしとも》は野心に目をぎらつかせていた。

父の為義《ためよし》も黙《だま》ってはいない。義朝《よしとも》の弟にあたる義賢《よしかた》を関東に送りこんで、義朝《よしとも》の勢力《せいりょく》に対抗《たいこう》させようとする。

ところが、為義《ためよし》の足を引っ張《ぱ》る息子《むすこ》がいた。八男の為朝《ためとも》である。為朝《ためとも》は身長七尺《しゃく》（約二一〇センチ）に達する巨人《きょじん》で、大きな弓をあやつる無双《むそう》の勇士《ゆうし》だ。乱暴《らんぼう》がすぎて、九州に追放されていたのだが、ここでも暴《あば》れまわった。「鎮西八郎《ちんぜいはちろう》」と名乗り、理由もなく戦《いくさ》をしかけて、他人の領地《りょうち》を奪《うば》っている。

悲鳴のような声が朝廷《ちょうてい》に届《とど》いた。

「あの化け物を何とかしてください」

朝廷《ちょうてい》はこれにこたえて、為朝《ためとも》に京に戻《もど》るよう命じた。戻《もど》ったら罰《ばっ》を受けるので、為朝《ためとも》はこれを無視《むし》する。その結果、父の為義《ためよし》がかわりに処分《しょぶん》を受けるはめになった。

為義《ためよし》は頭をかかえた。

「いくら何でもやりすぎだ。とにかく戻《もど》ってこい」

父に怒《おこ》られた為朝《ためとも》は仕方なく京に戻《もど》り、しばらくはおとなしくしていた。

久寿二年《きゅうじゅ》（西暦《せいれき》一一五五年）、関東で合戦が起こった。義朝《よしとも》の息子《むすこ》の義平《よしひら》が、為義《ためよし》側の拠点《きょてん》を攻《せ》めたのである。この戦いでは、まだ十五歳《さい》だった義平《よしひら》ひきいる義朝《よしとも》側が勝利し、為義《ためよし》の次男、義賢《よしかた》は戦死した。

為義《ためよし》と義朝《よしとも》の父子の争いは、義朝《よしとも》がはっきりと優位《ゆうい》に立った。

「ぬう、このままにしてはおかないぞ」

為義《ためよし》は怒《いか》りをたぎらせたが、京の街で義朝《よしとも》をおそうわけにはいかない。こぶしをにぎりしめて、機会を待つことになった。

保元《ほうげん》元年（西暦《せいれき》一一五六年）五月、鳥羽法皇《とばほうおう》が病にかかって寝《ね》こんだ。すでに五十四歳《さい》であり、何度も病に倒《たお》れていたが、今回はことのほか重かった。

「もう長くはないかもしれない」

関白忠通《かんぱくただみち》の表情《ひょうじょう》が暗い。

鳥羽《とば》は身体《からだ》が強いほうではなかったが、不思議と長生きすると思われていた。祖父《そふ》の白河法皇《しらかわほうおう》が七十七歳《さい》まで生きたから、その印象《いんしょう》が強かったのかもしれない。

天皇《てんのう》家に摂関《せっかん》家、そして武士《ぶし》たち。さまざまな対立があっても、大きな争いにならなかったのは、院政《いんせい》をしく鳥羽法皇《とばほうおう》が重しとなって、爆発《ばくはつ》をおさえていたからである。鳥羽《とば》が亡《な》くなったら、とたんに変事が起きるかもしれない。

食事もとれなくなって、鳥羽《とば》は死を覚悟《かくご》した。

「あとは仏様《ほとけ》に祈《いの》るだけだ」

自分の極楽往生《ごくらくおうじょう》と、世の中の平安をひたすら祈《いの》る。側近たちが近い将来《しょうらい》の不安をうったえると、鳥羽《とば》は言った。

「武士《ぶし》たちに忠誠《ちゅうせい》を誓《ちか》わせよ」

平清盛《たいらのきよもり》、源為義《みなもとのためよし》といった崇徳上皇《すとくじょうこう》とつながりの深い武士《ぶし》たちは、鳥羽《とば》に忠誠《ちゅうせい》を誓《ちか》う文書を出した。側近たちはそれでも安心しない。いよいよ具合《ぐあい》が悪くなると、源義朝《みなもとのよしとも》らに命じて、鳥羽法皇《とばほうおう》の住む御所《ごしょ》を警備《けいび》させた。

そして、その日がやってくる。

七月二日、崇徳《すとく》が父を見舞《みま》うため、鳥羽《とば》が床《とこ》につく御所《ごしょ》にやってきた。このとき、鳥羽《とば》は意識《いしき》がなかったが、事前に側近に伝えていた。

「あれが来ても通すな」

あれとはむろん、崇徳《すとく》のことである。したがって、崇徳《すとく》が見舞《みま》いに来ても、父のもとへ案内する者はいなかった。

崇徳《すとく》のほおは涙《なみだ》でぬれた。

「死の間際《まぎわ》であれば、仲直りができるかと思ったのに。それほどに嫌《きら》われているのか。死に目に会うことすら、許《ゆる》されないのか」

崇徳《すとく》は仕方なく、自分の御所《ごしょ》に戻《もど》った。鳥羽《とば》の御所《ごしょ》をめざす牛車《ぎっしゃ》で道がいっぱいのなか、崇徳《すとく》の牛車《ぎっしゃ》だけが逆《ぎゃく》の方向へ行く。

そこで車同士《どうし》がぶつかりそうになり、崇徳《すとく》の従者《じゅうしゃ》が相手方ともめた。けが人が出るさわぎとなって、鳥羽《とば》の病床《びょうしょう》にも伝わった。

「あの御方《おかた》がもめごとを起こしたそうですよ」

「このようなときにねえ」

看病《かんびょう》する者たちが話していると、鳥羽《とば》がかっと目を見開いた。

だが、言葉を発することはなかった。やがて目は閉《と》じられ、鳥羽法皇《とばほうおう》はそのまま息を引きとる。

みなが覚悟《かくご》し、準備《じゅんび》していたから、後白河天皇《ごしらかわてんのう》と側近たちは、ただちに葬儀《そうぎ》をおこなった。崇徳《すとく》は御所《ごしょ》にこもって、葬儀《そうぎ》にも出なかった。最後まで父に拒否《きょひ》されて、何もかも嫌《いや》になっていたからである。

後白河《ごしらかわ》と関白忠通《かんぱくただみち》は、大きな声で相談した。

「争乱《そうらん》が起きるかもしれない。武士《ぶし》たちをいつでも動かせるようにしておけ」

「御意《ぎょい》にございます。頼長《よりなが》らには見張《みは》りをつけておきましょう」

周りに聞こえるように言うのは、崇徳《すとく》や頼長《よりなが》が兵をあげてほしいと考えているからだ。はっきりと反逆《はんぎゃく》してくれれば、容赦《ようしゃ》なく滅《ほろ》ぼせる。

後白河《ごしらかわ》と忠通《ただみち》の側には、源義朝《みなもとのよしとも》の強力な軍勢《ぐんぜい》が味方している。その父、為義《ためよし》は崇徳《すとく》方とみなされているが、戦力は義朝《よしとも》が上だ。

問題は、平清盛《たいらのきよもり》がどちらにつくかであった。

二章 戦場となった都

1

平清盛《たいらのきよもり》は太い腕《うで》を組んで考えをめぐらせていた。

清盛《きよもり》のもとには、後白河天皇《ごしらかわてんのう》から兵を出すよう命令が届《とど》いている。崇徳上皇《すとくじょうこう》と藤原頼長《ふじわらのよりなが》が手を組んで反乱《はんらん》を起こす。そういううわさが流れているので、あらかじめ守りを固めておくのだという。

同時に、藤原頼長《ふじわらのよりなが》から、崇徳《すとく》を助けてほしいと頼《たの》む密書《みっしょ》も来ていた。

清盛《きよもり》は崇徳《すとく》と縁《えん》がある。崇徳《すとく》の息子《むすこ》の乳母《うば》が、清盛《きよもり》の継母《けいぼ》にあたる池禅尼《いけのぜんに》であった。この時代、乳母《うば》がつなぐ縁《えん》は深いので、崇徳《すとく》は清盛《きよもり》を頼《たよ》りにしていた。

そのため、鳥羽法皇《とばほうおう》も清盛《きよもり》を警戒《けいかい》して、あらかじめ忠誠《ちゅうせい》を誓《ちか》わせていたのだ。

「さて、どちらにつこうかな」

清盛《きよもり》はつぶやいたが、すでに心は決まっていた。

崇徳《すとく》と頼長《よりなが》は、積極的に反乱《はんらん》を起こすというより、反乱《はんらん》するしかない状況《じょうきょう》に追いこまれている。頼長《よりなが》はともかく、崇徳《すとく》は好戦的な性格《せいかく》ではない。本来、自分から兵を起こすまではいたらないだろう。権力《けんりょく》争いに敗れ、静かに暮《く》らしていたとしても、もし後白河《ごしらかわ》やその息子《むすこ》が早くに亡《な》くなれば、再《ふたた》び日の目を見ることも考えられるからだ。

だが、このままだと、うわさをもとに処分《しょぶん》されてしまう。崇徳《すとく》は上皇《じょうこう》だから、簡単《かんたん》には罰《ばっ》せられないが、息子《むすこ》が天皇《てんのう》になる可能性《かのうせい》はなくなる。頼長《よりなが》はどこか遠い地に流されるだろう。そうなりたくなければ、破《やぶ》れかぶれでも立つしかない。

「筋書《すじが》きを書いたのは信西《しんぜい》だろうな」

清盛《きよもり》は後白河《ごしらかわ》の近臣の顔を思い浮《う》かべた。

信西《しんぜい》は僧《そう》で、もとの名を藤原通憲《ふじわらのみちのり》という。学者の家に生まれ、熱心に勉強したことから、知識《ちしき》が豊富《ほうふ》で、さらに実務能力《じつむのうりょく》も高かった。鳥羽法皇《とばほうおう》にかわいがられて側近となり、後白河《ごしらかわ》の教育係もつとめた。関白忠通《かんぱくただみち》と後白河《ごしらかわ》の間をとりもち、後白河《ごしらかわ》を即位《そくい》させたのも彼《かれ》だという。

信西《しんぜい》は清盛《きよもり》に後白河《ごしらかわ》を支《ささ》えるよう頼《たの》んできたが、その後で近しい者にもらしたという。

「清盛殿《きよもりどの》については心配はいらない。頭がよくて状況判断《じょうきょうはんだん》ができるから、どちらにつくのが得《とく》か、わかっているはずだ」

その言葉が清盛《きよもり》に届《とど》くことを、信西《しんぜい》は計算していたはずだ。

清盛《きよもり》は頼長《よりなが》からの密書《みっしょ》をちらりと見た。

「清盛殿《きよもりどの》がこちらについてくれれば勝てるのだ。我々《われわれ》が政権《せいけん》をにぎった際《さい》には、さらなる昇進《しょうしん》を約束しよう」

そう書いてある。

頼長《よりなが》は摂関《せっかん》家の長であるから、地方の荘園《しょうえん》から動員すれば、多くの兵を集められる。しかし、今、京にいる味方は、源為義《みなもとのためよし》の配下くらいだ。

それでも、清盛《きよもり》の力で勝敗を逆転《ぎゃくてん》させることは可能《かのう》であろう。その場合《ばあい》は恩《おん》を高く売れる。

だが、清盛《きよもり》は危《あぶ》ない橋を渡《わた》るつもりはなかった。

後白河《ごしらかわ》の側につけば、たやすく勝利を得《え》られるのだ。今の段階《だんかい》で、清盛《きよもり》は武士《ぶし》の頂点《ちょうてん》に立っており、あえて賭《か》けに出る必要はない。

亡《な》き忠盛《ただもり》の正妻《せいさい》で、平家《へいけ》全体に影響力《えいきょうりょく》を持つ池禅尼《いけのぜんに》も、清盛《きよもり》の考えを支持《しじ》している。

「勝敗は明らかです。負けるほうに味方することはありません」

池禅尼《いけのぜんに》は乳母《うば》として崇徳《すとく》の息子《むすこ》を守る立場《たちば》にある。その池禅尼《いけのぜんに》がそう言ってくれたことはありがたかった。これで、平家《へいけ》の主流は清盛《きよもり》のもとにまとまって行動できる。

「つつしんで天皇陛下《てんのうへいか》のご命令にしたがいます」

清盛《きよもり》は返事をして、息子《むすこ》の基盛《もともり》がひきいる兵を送った。

これが七月五日のことである。

このとき、事実上、勝敗は決していた。

七月八日、源義朝《みなもとのよしとも》が手勢《てぜい》をひきいて、頼長《よりなが》の屋敷《やしき》に乗りこんだ。

「手荒《てあら》なまねはまだするなよ。あくまで、おだやかに、な」

義朝《よしとも》は薄《うす》く笑って命じた。

摂関《せっかん》家の豪勢《ごうせい》な屋敷《やしき》に、武士《ぶし》たちが刀やよろいの音を鳴らして踏《ふ》みこむ。頼長《よりなが》の使用人たちが何事かとさわいだ。

「謀反《むほん》の罪《つみ》により、藤原頼長《ふじわらのよりなが》の財産《ざいさん》を没収《ぼっしゅう》する。だれもその場を動くな」

義朝《よしとも》が宣言《せんげん》すると、屋敷《やしき》は静まり返った。奥《おく》のほうから聞こえていた経《きょう》を読む声が止まったのだった。

「僧《そう》を捕《と》らえろ。関白《かんぱく》様を呪《のろ》っていたにちがいない」

武士《ぶし》たちが土足であがりこみ、義朝《よしとも》の命令をすみやかに実行した。金銀や絹布《けんぷ》などの財産《ざいさん》に加え、様々な文書も奪《うば》う。これらの文書は、謀反《むほん》の証拠《しょうこ》とされた。

僧《そう》に問いただしたところ、後白河天皇《ごしらかわてんのう》と関白忠通《かんぱくただみち》を呪《のろ》っていたと白状《はくじょう》した。そう答えるよう強制《きょうせい》されたのである。

報告《ほうこく》を受けた後白河天皇《ごしらかわてんのう》は、上機嫌《じょうきげん》で信西《しんぜい》に語りかけた。

「頼長《よりなが》の謀反《むほん》は明らかとなった。つかまえて処分《しょぶん》しよう。また義朝《よしとも》にさせるか？」

信西《しんぜい》が答える。

「それもよろしいですが、もうしばらく様子を見てはいかがでしょう。実際《じっさい》に兵をあげてからのほうが重い処分《しょぶん》を下せます」

信西《しんぜい》はこの年、五十一歳《さい》。丸顔で人がよさそうな外見だが、発する言葉はおそろしい。

「関白《かんぱく》様はいかがお考えですかな」

「……任《まか》せる」

関白忠通《かんぱくただみち》は早く頼長《よりなが》をとらえて安心したかったが、意見は言わなかった。地位も身分も自分がはるかに上なのだが、なぜか信西《しんぜい》にはしたがってしまうのであった。

七月九日、頼長《よりなが》は京に近い宇治《うじ》の屋敷《やしき》にいた。謀反人《むほんにん》とみなされ、財産《ざいさん》が奪《うば》われたと聞いて、青くなっている。

「荘園《しょうえん》を守る武士《ぶし》たちをすぐに上京させよ」

頼長《よりなが》は命じたが、すでに各地の国司に対して、摂関家《せっかんけ》の荘園《しょうえん》を監視《かんし》し、武士《ぶし》の動員を止めるよう命令が出されていた。頼長《よりなが》の動きは後手にまわっている。

「おれは謀反《むほん》などたくらんでいない！　兄の陰謀《いんぼう》だ」

頼長《よりなが》の主張《しゅちょう》は事実なのだが、謀反《むほん》の罪《つみ》は決まってしまったようだった。

「どうすればよいのか。とにかくこの場にとどまるのはまずい」

配下の武士《ぶし》に守られて、頼長《よりなが》は宇治《うじ》を出た。京の情勢《じょうせい》をさぐりつつ、どこかの荘園《しょうえん》に隠《かく》れるつもりであった。

その夜、これまで引きこもっていた崇徳上皇《すとくじょうこう》が動いた。

闇《やみ》にまぎれて、通用門をくぐるいくつかの影《かげ》がある。うちの一つが崇徳《すとく》であった。崇徳《すとく》が少数の供《とも》とともに脱出《だっしゅつ》するとはだれも思っておらず、監視《かんし》の武士《ぶし》もまじめに見張《みは》ってはいなかった。

崇徳《すとく》はふるえる足をたたいて、夜の街路を走った。

向かった先は、鳥羽法皇《とばほうおう》が政治《せいじ》をおこなっていた白河北殿《しらかわきたどの》という御所《ごしょ》である。この御所《ごしょ》は無人であったので、崇徳《すとく》は抵抗《ていこう》なく入ることができた。

朝になって、崇徳《すとく》の居場所《いばしょ》がわかると、京は大さわぎとなった。

「あの方は何を考えておられるのだ」

関白忠通《かんぱくただみち》は眉《まゆ》をひそめていた。

戦《いくさ》にそなえて、兵を集めるつもりだろうか。だが、戦うつもりなら、京の街なかではなく、頼長《よりなが》のいる宇治《うじ》などを拠点《きょてん》にするのではなかろうか。

「貴族《きぞく》の支持《しじ》を得《え》たいのかもしれません」

信西《しんぜい》が解説《かいせつ》した。

かつて鳥羽法皇《とばほうおう》が院政《いんせい》をおこなっていた白河北殿《しらかわきたどの》に入ることで、自分が政治《せいじ》をおこなうと主張《しゅちょう》したいのではないか。貴族《きぞく》たちの多くは、旗色をはっきりとさせずに事態《じたい》を見守っている。彼《かれ》らを味方につけたいのだろう。また、近くには源《みなもと》為義《ためよし》の拠点《きょてん》があるから、その武力《ぶりょく》をあてにしたのかもしれない。

「これは我々《われわれ》にとって好機です。兵をあげたとみなして、まとめて滅《ほろ》ぼしてしまいましょう」

信西《しんぜい》はにやりと笑った。

崇徳《すとく》の意思がどうあれ、白河北殿《しらかわきたどの》に為義《ためよし》ら武士《ぶし》が集まれば、反乱《はんらん》を起こしたと主張《しゅちょう》できる。頼長《よりなが》も合流しようとするだろう。兵力を集めて、そこをたたく。

「急いで戦《いくさ》の準備《じゅんび》をさせます」

信西《しんぜい》が立ちあがると、忠通《ただみち》は不安そうにたずねた。

「戦《いくさ》をするのか？　この京の街で？」

「それは相手しだいです」

自信たっぷりに、信西《しんぜい》は答えた。勝つとわかっている戦《いくさ》だ。ためらいはなかった。

2

白河北殿《しらかわきたどの》に落ちついても、崇徳上皇《すとくじょうこう》のふるえはおさまらなかった。

崇徳《すとく》ははっきりしたねらいがあって、白河北殿《しらかわきたどの》に移《うつ》ったわけではない。頼長《よりなが》とともに謀反《むほん》をたくらんでいるとうわさされ、監視《かんし》されていることに反発し、さしたる展望《てんぼう》もないまま、行動に出た。

「だいたい、信西《しんぜい》ごときが天皇《てんのう》家や摂関《せっかん》家の問題に首をつっこむのがおかしいのだ。いや、その前に雅仁《まさひと》が天皇《てんのう》になるのがまちがっている。あんな出来の悪い天《てん》皇《のう》が今までいただろうか」

雅仁《まさひと》、つまり後白河《ごしらかわ》は崇徳《すとく》の弟である。崇徳《すとく》が儀礼《ぎれい》や和歌を学んでいるとき、後白河《ごしらかわ》は遊びほうけていた。あの遊び人の下につくことなどありえない。崇徳《すとく》は元天皇《てんのう》である。本来なら、息子《むすこ》を天皇《てんのう》の位につけて、今ごろは院政《いんせい》をしていているはずだった。今の状況《じょうきょう》はまちがっている。だが、それを正すのにどうしたらよいか、崇徳《すとく》にはわからない。

崇徳《すとく》に味方がいないわけではない。

源為義《みなもとのためよし》が、息子《むすこ》の為朝《ためとも》ら十数騎《き》の武士《ぶし》をひきいて駆《か》けつけてきた。為義《ためよし》は頼《より》長《なが》の命令で崇徳《すとく》側についたのである。勝ち目が薄《うす》いために気は進まなかったが、対立する息子《むすこ》に頭を下げることは今さらできなかった。自力で義朝《よしとも》を倒《たお》して、道を切りひらくしかない。

頼長《よりなが》も配下の武士《ぶし》に守られ、暗くなってから白河北殿《しらかわきたどの》に入った。崇徳《すとく》の動きは予想外であったが、一人で逃《に》げるより、合流したほうがいいと考えた。崇徳《すとく》といっしょにいれば、交渉《こうしょう》もしやすいだろう。

「清盛殿《きよもりどの》はいないのか」

頼長《よりなが》は深くため息をついた。

平家《へいけ》では、頼長《よりなが》に仕えていた平忠正《たいらのただまさ》が崇徳《すとく》方に加わっている。清盛《きよもり》の叔父《おじ》に当たる人物だが、忠盛《ただもり》や清盛《きよもり》とは仲が悪く、平家《へいけ》の主流ではない。

崇徳《すとく》のもとに集まった武士《ぶし》は、名のある者で十数人しかいなかった。戦える者をすべてあわせても百人に満たない。頼長《よりなが》はゆかりのある寺に助けを求めていたが、はたして来てくれるだろうか。

さっそく軍議が開かれた。

頼長《よりなが》が発言する。

「この状況《じょうきょう》で戦うのはとても無理ですな」

強気な性格《せいかく》の頼長《よりなが》も、そう判断《はんだん》せざるをえなかった。敵《てき》は清盛《きよもり》と義朝《よしとも》の軍勢《ぐんぜい》だけで、数百騎《き》に達するだろう。数の差が大きすぎる。

「もとより、戦うつもりなどない」

崇徳《すとく》が応《おう》じた。

ここ三百年以上、京の都で戦《いくさ》は起こっていない。権力闘争《けんりょくとうそう》はもちろんあり、様々な陰謀《いんぼう》が繰《く》り広げられてきたが、流血はさけられていたのだ。いくら武士《ぶし》が大きな顔をするようになったとはいえ、京で戦うなど考えられなかった。

「しかし、敵《てき》はやる気ですぞ」

為義《ためよし》が口を出した。

「黙《だま》っていてはやられるだけです。こちらは少数なのですから、奇襲《きしゅう》をかけましょう。闇《やみ》にまぎれて敵陣《てきじん》をおそい、大将《たいしょう》の首をとるのです。それしか勝ち目はありません」

頼長《よりなが》は首を横に振《ふ》った。

「こちらからしかけたら、交渉《こうしょう》ができなくなってしまう。もし戦うとしても、援《えん》軍《ぐん》が来てからだ」

「援軍《えんぐん》のあてがあるのですか？」

為義《ためよし》の問いを、頼長《よりなが》は無視《むし》した。為義《ためよし》は貴族《きぞく》のそういう態度《たいど》には慣《な》れている。気を取り直して提案《ていあん》した。

「東国に逃《のが》れて、あらためて兵をつのってはいかがでしょう。おれが行けば、源《げん》氏《じ》の武士《ぶし》を集められます」

これははったりである。東国の武士《ぶし》は義朝《よしとも》がまとめており、為義《ためよし》にしたがう者はほとんどいない。

頼長《よりなが》は為義《ためよし》をにらんだ。

「私《わたし》は謀反《むほん》を起こす気はない」

軍議の席にしらけた雰囲気《ふんいき》がただよった。為義《ためよし》は後ろにすわっていた息子《むすこ》の為《ため》朝《とも》をふりかえって、二言三言ささやいた。頼長《よりなが》の気持ちはどうあれ、もはや謀反《むほん》人《にん》とみなされているのだから、覚悟《かくご》を決めるべきではないのか。

「こちらが動かなければ、敵《てき》も簡単《かんたん》には攻《せ》めてこないだろう。援軍《えんぐん》を待ちつつ、交渉《こうしょう》の糸口をさぐってみよう」

頼長《よりなが》の言葉に、崇徳《すとく》も賛成《さんせい》した。さすがに元天皇《てんのう》に対して、攻撃《こうげき》はしかけないだろう。二人ともそう考えている。

ふと気づいて、頼長《よりなが》がたずねた。

「ところで、親王殿下《しんのうでんか》はどちらにいらっしゃいますか？」

親王《しんのう》とは、崇徳《すとく》の息子《むすこ》のことである。崇徳《すとく》は気まずそうに目を伏《ふ》せた。

「連れてきておらぬ。急だったのでな」

頼長《よりなが》は耳を疑《うたが》った。

崇徳《すとく》の息子《むすこ》は、大事な天皇候補《てんのうこうほ》である。交渉《こうしょう》するにしても戦うにしても、その身は重要だ。どうして連れてこなかったのか。崇徳《すとく》のねらいは、息子《むすこ》を天皇《てんのう》にして院政《いんせい》をおこなうことではないのか。

頼長《よりなが》は崇徳《すとく》から目をそらして、為義《ためよし》を見た。

為義《ためよし》はうんざりした様子であった。

「……おれたちは戦えと言われたところで戦うだけです」

「逃《に》げるなよ」

言わなくてもいいことを、頼長《よりなが》は言った。


同じころ、後白河《ごしらかわ》方でも軍議が開かれていた。

天皇《てんのう》が住む内裏《だいり》の周りには、続々《ぞくぞく》と武士《ぶし》たちが集まってくる。深まる闇《やみ》のなかで、馬のいななきと刀の鳴る音がひびいている。武士《ぶし》たちはさわがないよう命じられていたが、興奮《こうふん》はおさえられず、ささやく声がだんだんと大きくなる。

清盛《きよもり》と義朝《よしとも》が軍議に呼《よ》ばれて、関白忠通《かんぱくただみち》と信西《しんぜい》に対して、意見を述《の》べた。

「すぐに攻撃《こうげき》しましょう」

義朝《よしとも》が声をはりあげて主張《しゅちょう》した。

「敵《てき》の準備《じゅんび》がととのわないうちに夜襲《やしゅう》をかければ、勝利はまちがいありません」

清盛《きよもり》は何も言わずにうなずいた。議論《ぎろん》する必要もない。相手は少数だから、さっさと攻撃《こうげき》して勝負を決めてしまいたい。ぐずぐずしていたら、援軍《えんぐん》が来るかもしれないのだ。

信西《しんぜい》が同意する。

「この機を逃《のが》してはなりません。さあ、ご命令を」

だが、忠通《ただみち》は沈黙《ちんもく》していた。天井《てんじょう》を見あげて考えこんでいる。

「何を迷《まよ》っておられるのです。千騎《き》の武士《ぶし》が命令を待っているのですぞ」

信西《しんぜい》が迫《せま》った。

なおしばらく間《ま》をおいてから、忠通《ただみち》は口を開いた。

「……そうあせるな」

信西《しんぜい》が眉《まゆ》をひそめる。

忠通《ただみち》はだれとも目を合わさずにつづけた。

「攻撃《こうげき》は最後の手段《しゅだん》だ。これだけの兵力差を見れば、相手も降伏《こうふく》を選ぶかもしれない。あえて流血の道を選ばずともよかろう」

忠通《ただみち》は怖《お》じ気《け》づいたのであった。天皇《てんのう》家や摂関《せっかん》家が京の街を戦場にして争っていいものか。腰《こし》が引けてしまって、決意できない。

「戦うのはおれたちです。あなたは命令するだけでいいのです」

義朝《よしとも》が言ったが、忠通《ただみち》は反応《はんのう》しない。清盛《きよもり》は黙《だま》って状況《じょうきょう》を見守っている。

信西《しんぜい》が忠通《ただみち》ににじり寄《よ》った。

「頼長《よりなが》に関白《かんぱく》の位をゆずってもいいとおっしゃるのですか」

「そういう問題ではない」

忠通《ただみち》は立ちあがった。

「陛下《へいか》と相談する」

後白河天皇《ごしらかわてんのう》はややはなれて、軍議を聞いていた。忠通《ただみち》が声をひそめて語りかける。

忠通《ただみち》としては、天皇《てんのう》の口から攻撃許可《こうげききょか》を出してほしい。だが、後白河《ごしらかわ》も決断《けつだん》できなかった。

「命令を出して、朕《ちん》が後から責《せ》められることはあるまいな」

「それは……」

責任《せきにん》をとりたくないのは、忠通《ただみち》も同様である。

軍議はいったん解散《かいさん》となった。清盛《きよもり》と義朝《よしとも》は、出陣《しゅつじん》の用意をととのえて、待機することになった。

3

義朝《よしとも》が清盛《きよもり》に話しかけた。

「このまま朝まで待ってろ、なんてことはないですよね」

血気にはやる義朝《よしとも》に対して、清盛《きよもり》は冷静《れいせい》である。

「いや、充分《じゅうぶん》にありえる。貴族《きぞく》には判断力《はんだんりょく》や決断力《けつだんりょく》を期待しないほうがいい」

「うーん、それは困《こま》る。武士《ぶし》としては、せっかく準備《じゅんび》したのだから、戦いたいものです」

義朝《よしとも》は人好きのする笑《え》みを浮《う》かべた。

清盛《きよもり》はつられて笑ったが、同意はしなかった。

「戦《いくさ》など、ないほうがよい。いたずらに血を流せば、後始末が面倒《めんどう》になるだけだ」

「そういうものですか。いや、おれは戦うことしかできないので、後始末はお偉《えら》方《がた》に任《まか》せたいと思います」

清盛《きよもり》は、内心で苦笑《くしょう》した。義朝《よしとも》は戦《いくさ》をきっかけにして、名実ともに源氏《げんじ》の棟梁《とうりょう》となり、さらに出世しようと考えているようだ。そのまっすぐさは微笑《ほほえ》ましいかぎりである。

ただ、京の貴族《きぞく》を相手に、それが通用するかどうか。便利に使われて、いらなくなったら捨《す》てられる。そういう危険《きけん》があるし、雇《やと》い主とともに滅《ほろ》びる運命もある。陰謀《いんぼう》うずまく京の街で生きのびるのは難《むずか》しい。

さしあたって、戦《いくさ》になるとしたら、後方で指揮《しき》をとろう。前線に出て、流れ矢にでも当たったらばからしい。危険をおかすのは義朝《よしとも》に任《まか》せるべきだ。

「戦《いくさ》になったら頼《たの》むぞ。存分《ぞんぶん》に手柄《てがら》を立てよ」

「ありがとうございます。お任《まか》せあれ」

義朝《よしとも》は今にも敵陣《てきじん》に向かって駆《か》け出しそうである。

だが、出陣《しゅつじん》の命令はなかなか下らなかった。

後白河《ごしらかわ》と忠通《ただみち》は、顔を見あわせては、ため息をついている。

「さっさと降伏《こうふく》してくれれば、武力《ぶりょく》を用いずにすむのだがな」

後白河《ごしらかわ》が言うと、忠通《ただみち》はうなずいた。

「御意《ぎょい》にございます。早く使いを送ってくればいいものを、あいつら、何をぐずぐずしているのやら」

内裏《だいり》の外では、武士《ぶし》たちが、おおー、と大声を発している。戦う気持ちを盛《も》りあげるとともに、早く戦わせろ、と主張《しゅちょう》しているのだろう。

白河北殿《しらかわきたどの》は鴨川《かもがわ》を渡《わた》ってすぐだから、歩いても一刻《いっこく》（約三十分）ほどだ。軍勢《ぐんぜい》がそろっているのも、大声をあげているのも、頼長《よりなが》たちには伝わっているはずである。罪《つみ》を認《みと》めて謝《あやま》ればいいではないか。命まではとらない。

ただ、時が過《す》ぎていく。

信西《しんぜい》が報告《ほうこく》をもたらした。

「白河北殿《しらかわきたどの》では、数十人の武士《ぶし》が門を固めています。戦う覚悟《かくご》を決めているようです」

前半は事実だが、後半は信西《しんぜい》の勝手な想像《そうぞう》だ。崇徳《すとく》方は、為義《ためよし》が攻撃《こうげき》に備《そな》えているものの、頼長《よりなが》は攻《せ》められるとは考えていない。

「朝までに決着をつけないと、敵《てき》の軍勢《ぐんぜい》が増《ふ》えますぞ。そうなれば、逆《ぎゃく》に攻《せ》めこまれるかもしれません」

信西《しんぜい》が言うと、忠通《ただみち》は頭《かぶり》をふった。

「大げさな。たとえ援軍《えんぐん》が来たとしても、せいぜい百や二百であろう」

「百でもあなどれません。いや、十数騎《き》でも、ここに奇襲《きしゅう》をかけられたらどうします？　敵《てき》に策《さく》を立てるいとまを与《あた》えてはならないのです」

忠通《ただみち》はなお、決断《けつだん》できなかった。

深夜になって、後白河《ごしらかわ》がしびれを切らした。

「ええい、もう攻《せ》めてしまえ！」

忠通《ただみち》はほっとしたように頭を下げた。

「陛下《へいか》が仰《おお》せなら、そのようにいたします」

そして、信西《しんぜい》に命じる。

「武士《ぶし》たちに攻撃《こうげき》を命じよ。敵《てき》を追い散らすのだ」

気の早いにわとりが鳴き出す頃合《ころあ》いであった。待ちくたびれていた義朝《よしとも》は、命令を聞くと、とびあがって喜《よろこ》んだ。

「よし！　これでおれたちは官軍だ」

弾《はず》むような足どりで駆《か》けていく。

「やれやれ、元気のいいことだ」

対照的に、清盛《きよもり》はゆっくりと歩き出した。

白河北殿《しらかわきたどの》は、内裏《だいり》から見て東に位置する。

清盛《きよもり》は三百騎《き》をひきいて一番南の道を進み、義朝《よしとも》が二百騎《き》をひきいて中央を、義朝《よしとも》の一族である源義康《みなもとのよしやす》が百騎《き》をひきいて北の道を進んだ。

後白河《ごしらかわ》方の動きは、ただちに崇徳《すとく》方に伝わった。

「まさか……」

頼長《よりなが》は一瞬《いっしゅん》、我《われ》を失ったが、すぐに目に光が戻《もど》った。

「鴨川《かもがわ》で迎《むか》え撃《う》つ。私《わたし》が指揮《しき》をとるぞ」

「いやいや、戦《いくさ》は我《われ》らにお任《まか》せを」

為義《ためよし》と為朝《ためとも》が駆《か》け出した。

「おい、だれがここを守るのだ」

崇徳《すとく》が悲鳴のような声をあげた。頼長《よりなが》がさとすように言う。

「武士同士《ぶしどうし》が戦うだけですから、ご心配なく。念のため、敵《てき》が川を渡《わた》ってきたら、お逃《に》げください」

頼長《よりなが》は自分の言葉を必ずしも信じていなかった。崇徳《すとく》をねらって攻撃《こうげき》することはないにしても、御所《ごしょ》に火を放つくらいはやるだろう。

だが、今は鴨川《かもがわ》での防衛戦《ぼうえいせん》に全力を注がなければならない。白河北殿《しらかわきたどの》は立派《りっぱ》な屋敷《やしき》だが、当然ながら矢倉や堀《ほり》などはなく、守るには向いていないのだ。

月明かりのもと、両軍は鴨川《かもがわ》をはさんで向かい合った。攻《せ》める後白河《ごしらかわ》方は、従者《じゅうしゃ》たちがたいまつを持っているが、守る崇徳《すとく》側はほとんど灯《あか》りを持っていない。

さらに、攻撃《こうげき》側は川を渡《わた》らなければならない。その状況《じょうきょう》は守る側が有利である。ただ、兵数は攻《せ》める側が圧倒的《あっとうてき》に多い。

最初の矢を放ったのは、防御側《ぼうぎょがわ》の源為朝《みなもとのためとも》である。

ひゅん、という音が、闇《やみ》を切り裂《さ》いた。

後白河《ごしらかわ》方の武士《ぶし》が、うめき声をあげた。よろいの胸当《むねあ》ての部分をつらぬいて、矢が突《つ》き刺《さ》さっている。あわれな武士《ぶし》はそのまま後ろに倒《たお》れ、馬から落ちて息絶《いきた》えた。

「お、おい……」

どよめきが起こった。まだ矢の射程《しゃてい》に入っていないはずだった。信じられない強弓《ごうきゅう》だ。

「次はどいつにしようか」

為朝《ためとも》がつぶやきながら、矢をつがえた。ぎりぎりと引きしぼって放つ。

第二の矢はねらいをはずれて、馬の頭に突《つ》き刺《さ》さった。馬がくずれるように倒《たお》れ、馬上の武士《ぶし》は転びそうになりながら、何とか地に立った。

攻撃《こうげき》側は目と口を大きく開けている。何という矢の威力《いりょく》であろうか。

「ひるむな！　突《つ》っこめ！」

義朝《よしとも》が命じた。

騎馬武者《きばむしゃ》の軍団《ぐんだん》が、おたけびをあげて土手を下る。ひづめの音に、水音がつづ

いた。

「よい的《まと》になるわ」

為朝《ためとも》が次々と矢を放つ。為義《ためよし》と配下の武士《ぶし》も、眼下《がんか》の敵《てき》に矢の雨を降《ふ》らせた。高低差があり、さらに固まって駆《か》けているので、おもしろいように当たる。矢を受けた武士《ぶし》が馬から落ち、はでに水しぶきをあげる。たいまつが水に落ち、じゅっと音がする。

「ほほう、やるではないか」

頼長《よりなが》は戦《いくさ》の恐怖《きょうふ》を忘《わす》れていた。興奮《こうふん》して気持ちが大きくなっている。いつのまにか、川を見おろす位置まで前に出ていた。

「そろそろ矢が飛んできますよ。さがってください」

為義《ためよし》に注意されて頼長《よりなが》はあわてて後退《こうたい》する。

攻撃《こうげき》側の第一陣《じん》は、川を渡《わた》りきれずに撃退《げきたい》された。

「敵《てき》もなかなかやるな」

義朝《よしとも》は冷《ひ》や汗《あせ》を浮《う》かべていた。親子同士《どうし》、兄弟同士《どうし》で、骨肉《こつにく》の争いなのだが、複雑《ふくざつ》な思いはない。生き残り、出世するために、目の前の敵《てき》を倒《たお》さなければならないのだ。

清盛《きよもり》は馬にも乗らず、冷めた目で戦況《せんきょう》を見つめている。

「敵《てき》のがんばりは長くはつづかないだろう」

平家《へいけ》の軍勢《ぐんぜい》は、ほとんどが土手の上で待機していた。一部の血気盛《けっきさか》んな若武者《わかむしゃ》が川に馬を乗り入れているが、意外に流れが速いようで、うまく渡《わた》れずにいる。

総攻撃《そうこうげき》を求める声もあったが、清盛《きよもり》は応《おう》じなかった。

「無理せずともよい。義朝《よしとも》の手柄《てがら》を奪《うば》うわけにはいかないからな」

寄《よ》せ手は充分《じゅうぶん》な兵力があるのだから、南か北に迂回《うかい》して川を渡《わた》り、白河北殿《しらかわきたどの》を攻《せ》めれば、簡単《かんたん》に勝てるだろう。だが、清盛《きよもり》はそこまでやるつもりはなかった。縁《えん》の深い崇徳《すとく》に遠慮《えんりょ》している面もあるし、犠牲《ぎせい》を出したくない気持ちもある。義《よし》朝《とも》がやる気なのだから、やらせればいいのだ。

清盛《きよもり》の予想は外れた。

為朝《ためとも》は超人《ちょうじん》的な体力で、攻撃《こうげき》を防《ふせ》ぎつづけている。暗いところを移動《いどう》しながら弓を射《い》ているので、どこから攻撃《こうげき》が来るのかわからない。寄《よ》せ手は腰《こし》が引けて、なかなか川を渡《わた》れなかった。対岸にたどりついた者も、集中的に矢を射《い》られ、石をぶつけられて、土手をのぼれない。

東の空が白みかけてきた。

義朝《よしとも》はさすがにあせっていた。忠通《ただみち》らには定期的に報告《ほうこく》を送っているのだが、そろそろ結果を出さないと、信頼《しんらい》してもらえなくなる。

「全軍で攻勢《こうせい》をかけましょう。おれが先頭に立ちます」

鎌田正清《かまたまさきよ》が言った。正清《まさきよ》は義朝《よしとも》の乳母《うば》の子で、つまり乳兄弟《ちきょうだい》にあたる。義朝《よしとも》とは固いきずなで結ばれた仲だ。

「おれも行く」

義朝《よしとも》が応《おう》じたときには、正清《まさきよ》はすでに馬を走らせている。義朝《よしとも》は配下のすべての武士《ぶし》に突撃《とつげき》を命じた。

正清《まさきよ》が刀を振《ふ》りまわしながら突《つ》き進む。数本の矢がよろいに刺《さ》さるが、まったく気にしない。為朝《ためとも》の放った矢は、刀で切り落とした。その姿《すがた》に勇気づけられて、配下の武士《ぶし》たちもつづいた。

何人かの武士《ぶし》が倒《たお》れたが、義朝隊《よしともたい》は数に物を言わせて対岸にあがり、土手を駆《か》けあがる。

「これまでだ。引くぞ」

為義《ためよし》が命じた。崇徳《すとく》側の武士《ぶし》たちが頼長《よりなが》を守りながら、白河北殿《しらかわきたどの》へと退却《たいきゃく》していく。

それを見て、清盛《きよもり》はようやく馬にまたがった。

「では、我《われ》らも進むとしよう。ゆっくりとな」

おいしいところだけ持っていく、と思われては困《こま》るし、最後まで見ているだけなのも外聞が悪い。義朝《よしとも》が白河北殿《しらかわきたどの》に突入《とつにゅう》してから、戦《いくさ》に参加すればいい。平家《へいけ》の軍勢《ぐんぜい》はあわてず急がず、堂々《どうどう》と進軍する。

為義《ためよし》と為朝《ためとも》は、鴨川《かもがわ》に一番近い門に陣取《じんど》って、最後の抵抗《ていこう》をするつもりだった。

ところが、後白河《ごしらかわ》方は白河北殿《しらかわきたどの》まで来ると、いきなり火矢を放ちはじめた。

火の手があがるのを見て、清盛《きよもり》は苦笑《くしょう》した。

「義朝《よしとも》め、あせりおって」

放火の許可《きょか》は忠通《ただみち》から得《え》ている。包囲《ほうい》してから火を放ち、逃《に》げ出すところを捕《つか》まえるのだ。しかし、包囲《ほうい》が完成する前に火をつけたら、空いたところから逃《に》げられてしまうではないか。

義朝《よしとも》は、早く勝利を決めてしまいたかったのか、それとも、崇徳《すとく》や頼長《よりなが》を捕《つか》まえる功を、他の者にとられたくなかったのか。

「逃《に》げられると、後で探《さが》すのが面倒《めんどう》だ。急いで追え」

清盛《きよもり》の命で、平家《へいけ》の軍勢《ぐんぜい》が馬を走らせる。

義朝《よしとも》の手勢《てぜい》は、すでに白河北殿《しらかわきたどの》に突入《とつにゅう》していた。

煙《けむり》が流れてくる庭を、鎌田正清《かまたまさきよ》が駆《か》ける。手にしている刀は、すでに血にぬれており、火を反射《はんしゃ》してあやしく光っている。

正清《まさきよ》の前に、為朝《ためとも》が立ちふさがった。名乗りもせずに大刀《たち》を振《ふ》りおろす。

甲高《かんだか》い金属音《きんぞくおん》が鳴りひびいた。

正清《まさきよ》は刀をかかげてかろうじて受け止めた。手がしびれて、刀を落としそうになる。

為朝《ためとも》が追撃《ついげき》を放つ。正清《まさきよ》がかわす。二人の馬が同時にいななない̇た。

正清《まさきよ》が攻撃《こうげき》に転じた。刀の一撃《いちげき》は為朝《ためとも》の肩《かた》をとらえたが、よろいにはねかえされた。正清《まさきよ》の頭上に大刀《たち》がせまる。正清《まさきよ》は身体《からだ》を大きく右にかたむけてかわした。馬から落ちたが、うまく身体《からだ》をひねって、足で着地する。

為朝《ためとも》が馬を寄《よ》せてくる。正清《まさきよ》は左に回りながら、馬の脚《あし》を刀で払《はら》おうとした。

為朝《ためとも》は馬を跳《と》ばせてかわす。

二人は同時にせきこんだ。濃《こ》い煙《けむり》が流れてきたのだ。木の燃《も》える音がして、熱風が吹《ふ》きつけてくる。

「降参《こうさん》しろ！」

正清《まさきよ》が呼《よ》びかけると、為朝《ためとも》はにやりと笑った。無言で馬を返し、燃《も》えさかる火のなかに突《つ》っこんでいく。

正清《まさきよ》は追いかけようとしたが、あまりの熱さに足が進まなかった。

崇徳方《すとくがた》は貴族《きぞく》も武士《ぶし》も、ちりぢりに逃《に》げていた。崇徳上皇《すとくじょうこう》は真っ先に逃《に》げたので、追われることはなかったが、頼長《よりなが》は逃《に》げ遅《おく》れてさまよううちに、流れ矢に当たってしまった。矢はほおをかすめて飛び去った。

「くっ。どうして私《わたし》がこんな目にあわなければならないのだ」

ほおを血に染《そ》めながら、頼長《よりなが》はよろめき歩いた。

4

保元《ほうげん》の乱《らん》と呼《よ》ばれるこの戦いでは、後白河《ごしらかわ》方が兵力差を生かして勝利をおさめた。ただ、崇徳《すとく》や頼長《よりなが》ら中心人物をはじめ、源為義《みなもとのためよし》、為朝《ためとも》といった武士《ぶし》もとり逃《に》がしてしまった。清盛《きよもり》も義朝《よしとも》も、配下の武士《ぶし》たちに探《さが》させたが、すぐには見つからなかった。

それでも、後白河天皇《ごしらかわてんのう》は上機嫌《じょうきげん》であった。

「地の果てまでは逃《に》げられない。いずれ見つかるであろう。朕《ちん》のために働いた者には褒美《ほうび》をやろう。そして、敵《てき》に回った者たちには、重い罰《ばつ》を与《あた》えるのだ」

後白河《ごしらかわ》は信頼《しんらい》する信西《しんぜい》に処理《しょり》を任《まか》せた。

武士《ぶし》で一番の手柄《てがら》をあげたのは源義朝《みなもとのよしとも》である。義朝《よしとも》は右馬権頭《うまのごんのかみ》という官職《かんしょく》に昇進《しょうしん》した。軍馬を管理する役目だが、義朝《よしとも》は不満だった。

「もう少しあげてもらってもいいのではないでしょうか」

この訴《うった》えが認《みと》めれて、さらに上の左馬頭《さまのかみ》という官職《かんしょく》が与《あた》えられた。

「ご恩《おん》に感謝《かんしゃ》いたします」

一転して、笑顔《えがお》になった義朝《よしとも》である。

清盛《きよもり》をはじめとする平家《へいけ》一門もそれぞれ昇進《しょうしん》した。清盛《きよもり》は播磨守《はりまのかみ》に任《にん》じられて、公卿《くぎょう》まで後一歩のところまできた。

「ろくに戦わなかったくせに」

貴族《きぞく》たちからはそういう声もあがったが、清盛《きよもり》が味方になったことで、後白河《ごしらかわ》方は大きく勝利に近づいたのである。後白河《ごしらかわ》は大いに感謝《かんしゃ》しており、褒美《ほうび》が与《あた》えられるのは当然だった。

関白《かんぱく》の藤原忠通《ふじわらのただみち》は、摂関《せっかん》家の長となった。それでも、忠通《ただみち》は浮《う》かぬ顔である。

「こんなかたちで勝ちたくはなかった……」

弟の頼長《よりなが》は謀反人《むほんにん》となった。父の忠実《ただざね》は奈良の寺に逃《に》げており、同罪《どうざい》とみなされた。

謀反人《むほんにん》を出したことにくわえ、忠通《ただみち》自身は優柔不断《ゆうじゅうふだん》ぶりを見せたため、天皇《てんのう》からの信頼《しんらい》を失ってしまった。摂関《せっかん》家の力は弱くなり、信西《しんぜい》などの近臣の力が強くなった。

頼長《よりなが》は奈良まで逃《に》げたが、ほおに受けた矢傷《やきず》が悪化して、十四日に命を落とした。三十七歳《さい》であった。

崇徳上皇《すとくじょうこう》は出家したうえで、十三日に姿《すがた》をあらわした。

「世を乱《みだ》してしまい、申《もう》し訳《わけ》ございませんでした。これからは陛下《へいか》にしたがいます」

出家して謝罪《しゃざい》すれば許《ゆる》してもらえると、崇徳《すとく》は思っていた。一度は天皇《てんのう》となった者が、政治《せいじ》的な争いに敗れたからといって、厳《きび》しい処分《しょぶん》を受けることはないはずだ。京のはずれのどこかの寺で、和歌や書物に親しんで暮《く》らそう。

しかし、二十三日、おどろくべき処分《しょぶん》が下された。

讃岐国《さぬき》（今の香川県）への配流《はいる》――。すなわち、京から追放されるのだという。崇徳《すとく》はあまりの衝撃《しょうげき》に、目の前が真っ暗になった。

天皇経験者《てんのうけいけんしゃ》の配流《はいる》は、平安時代がはじまってから例がなかった。奈良《なら》時代以来、およそ四百年ぶりである。京の貴族《きぞく》社会をはなれて地方で暮《く》らすなど、崇徳《すとく》には想像《そうぞう》すらできなかった。

処分《しょぶん》を決めた信西《しんぜい》は、亡《な》き鳥羽法皇《とばほうおう》も崇徳《すとく》の追放を望んでいたと語った。

「京に残せば、いつか復帰《ふっき》するかもしれません。その芽をつまなければならないのです」

信西《しんぜい》の主張《しゅちょう》に、後白河天皇《ごしらかわてんのう》は熱心に賛成《さんせい》した。後白河《ごしらかわ》は息子《むすこ》に帝位《ていい》をゆずるための中継《なかつ》ぎと思われており、権力《けんりょく》は強くない。自分の力に自信がないため、敵《てき》は完全に滅《ほろ》ぼしておきたいのである。

京の街には、崇徳《すとく》に同情《どうじょう》する声もあった。天皇《てんのう》になった人を流罪《るざい》にするなどかわいそうだ、というのである。のちに崇徳《すとく》は悪霊《あくりょう》となって政敵《せいてき》に呪《のろ》いをかけたと信じられた。そのせいで、後白河《ごしらかわ》や平家《へいけ》は不幸にみまわれたのだという。

ただ、崇徳《すとく》は実際《じっさい》には流された讃岐《さぬき》でおだやかに生活し、八年後に四十六歳《さい》で没《ぼっ》した。

崇徳《すとく》の息子《むすこ》は京に残って出家し、六年後に病死する。

源為義《みなもとのためよし》は五日後に義朝《よしとも》のもとに出頭した。命は助けてくれるよう願ったが、崇徳《すとく》にまで厳《きび》しい処分《しょぶん》が下されており、武士《ぶし》に情《なさ》けはかけられなかった。

為義《ためよし》や平忠正《たいらのただまさ》など、崇徳《すとく》方についた武士《ぶし》は首を切られた。武士同士《ぶしどうし》の争いではめずらしくないが、朝廷《ちょうてい》の命令で死刑《しけい》がおこなわれることはめったにない。流血を嫌《きら》う貴族《きぞく》たちは眉《まゆ》をひそめた。

武士《ぶし》のなかで、為朝《ためとも》は降伏《こうふく》せずにひと月以上、逃《に》げまわった。最後には捕《と》らえられたが、そのころには、後白河《ごしらかわ》や信西《しんぜい》の考えが変わっていた。

「少し罰《ばっ》が厳《きび》しすぎたのではないか。批判《ひはん》の声が聞こえてくるぞ」

後白河《ごしらかわ》は相変わらず、芸人たちと遊んでいるので、世間の評判《ひょうばん》をよく知っている。批判《ひはん》を気にする性格《せいかく》ではないが、自分の権力《けんりょく》を守るために、周りの評判《ひょうばん》を大切にすべきだと思っていた。

信西《しんぜい》も同じように考えていた。

「さようでございますね。死刑《しけい》はやめて、島流しにしましょう」

為朝《ためとも》は助命され、伊豆《いず》大島に流された。そこでも暴《あば》れまわり、結局は討伐《とうばつ》されたが、為朝《ためとも》は庶民《しょみん》から人気があって、のちに琉球《りゅうきゅう》に渡《わた》って活躍《かつやく》したという伝説が生まれた。

保元《ほうげん》の乱《らん》はこうして幕《まく》を閉《と》じた。

鳥羽法皇《とばほうおう》の死によって、それまであった天皇《てんのう》家や摂関《せっかん》家の対立が火を吹《ふ》き、戦《いくさ》に発展《はってん》した。ここで重要な役割《やくわり》をはたしたのが、天皇《てんのう》の近臣であった信西《しんぜい》と、武《ぶ》士《し》として名をあげていた源義朝《みなもとのよしとも》であった。

しかし、これで政権《せいけん》が安定したわけではなかった。

三章

信西《しんぜい》と信頼《のぶより》

1

後白河天皇《ごしらかわてんのう》は、保元《ほうげん》の乱《らん》に勝利すると、政治《せいじ》をあらためようと動きだした。

これは、住みよい社会をつくろうとか、民《たみ》の負担《ふたん》を減《へ》らそうなどというものではない。おもに、荘園《しょうえん》を天皇《てんのう》のもとに集め、自分の権力《けんりょく》と経済力《けいざいりょく》を高めようとする動きであった。

後白河《ごしらかわ》は主張《しゅちょう》するだけだ。

「朕《ちん》は天皇《てんのう》だ。この国の土地はすべて朕《ちん》のものだ。寺社や貴族《きぞく》が荘園《しょうえん》を持っているのはおかしい」

政策《せいさく》を考えて実行するのは信西《しんぜい》である。

信西《しんぜい》は実務《じつむ》の能力《のうりょく》がすぐれており、交渉《こうしょう》したり調整したりするのが得意《とくい》だった。

中級貴族《きぞく》だったが、後白河《ごしらかわ》の信頼《しんらい》を得《え》て、出世を重ねた。自分の能力《のうりょく》に自信がある信西《しんぜい》だが、当初は礼儀《れいぎ》正しく、へりくだっていたので、敵《てき》は多くなかった。

しかし、保元《ほうげん》の乱《らん》をへて、天皇《てんのう》の信頼《しんらい》がますます厚《あつ》くなると、自分だけでなく息子《むすこ》たちも高い地位につけるようになった。すると、反発の声が出てくる。

「信西《しんぜい》は調子に乗っている」

「もとは大した身分ではないはずなのにな」

そのように言われても、信西《しんぜい》は表面上、気にしなかった。

「無能《むのう》な者どもに嫌《きら》われたところで、痛《いた》くもかゆくもない」

内心でそう思いながら、有能《ゆうのう》な味方を増《ふ》やそうとつとめる。とくに、いざというときのために武力《ぶりょく》がほしい。

最初に信西《しんぜい》に接近《せっきん》してきたのは、源義朝《みなもとのよしとも》である。

息子《むすこ》を婿《むこ》にほしいと言われて、信西《しんぜい》は断《ことわ》った。

「うちは学者の家系《かけい》だから、とても武家《ぶけ》の婿《むこ》にはやれない」

そういう理由をつけたが、実際《じっさい》のところ、義朝《よしとも》は明らかに格下《かくした》で身分が違《ちが》うため、とても許《ゆる》せないというのが本音であった。申しこんだ義朝《よしとも》も、断《ことわ》られることは予測《よそく》していただろう。

ただ、武家《ぶけ》との縁組《えんぐみ》という考えは魅力的《みりょくてき》だった。信西《しんぜい》とつりあう武家《ぶけ》といえば、平清盛《たいらのきよもり》の一族しかない。

信西《しんぜい》は自分の息子《むすこ》と清盛《きよもり》の娘《むすめ》の縁談《えんだん》を進めた。清盛《きよもり》としても、政権《せいけん》の実力者と縁《えん》を結べるのはありがたい。婚約《こんやく》が成立し、信西《しんぜい》と清盛《きよもり》は互《たが》いを頼《たよ》りにするようになった。

保元《ほうげん》三年（西暦《せいれき》一一五八年）、後白河天皇《ごしらかわてんのう》は守仁親王《もりひとしんのう》に譲位《じょうい》した。これが二条天皇《にじょうてんのう》である。

この譲位《じょうい》は信西《しんぜい》が進めたが、鳥羽法皇《とばほうおう》によってあらかじめ決められていたことであった。後白河《ごしらかわ》はあくまで中継《なかつ》ぎにすぎない。

問題は後白河上皇《ごしらかわじょうこう》が院政《いんせい》をおこなうか、二条天皇《にじょうてんのう》が親政《しんせい》をおこなうか、である。二条天皇《にじょうてんのう》はまだ十六歳《さい》だが、叔父《おじ》の藤原経宗《ふじわらのつねむね》が外戚《がいせき》として権力《けんりょく》をふるおうとしていた。藤原経宗《ふじわらのつねむね》は名門の貴族《きぞく》で、後白河上皇《ごしらかわじょうこう》のいとこでもある。この年、四十歳《さい》で、政治《せいじ》の勉強に熱心だった。

「信西《しんぜい》のような学者くずれに、政治《せいじ》は任《まか》せられぬ」

いずれは関白《かんぱく》になりたい、と野心をいだく経宗《つねむね》にとって、信西《しんぜい》は目の上のたんこぶである。

その信西《しんぜい》は後白河《ごしらかわ》の近臣だが、院政《いんせい》にこだわっているわけではない。鳥羽法皇《とばほうおう》に恩《おん》があるので、鳥羽《とば》の意思にしたがって、二条《にじょう》を支《ささ》えたいとも考えていた。

後白河《ごしらかわ》は信西《しんぜい》の政治力《せいじりょく》を頼《たよ》りにしていたが、信西《しんぜい》は必ずしも信用できない。

「信西《しんぜい》はいざとなったら、朕《ちん》を見捨《みす》てるだろう。朕《ちん》だけの味方をつくらなければならない」

そこで、後白河《ごしらかわ》が見出《みいだ》したのが、藤原信頼《ふじわらののぶより》であった。

藤原信頼《ふじわらののぶより》は、中流の貴族《きぞく》だが、信西《しんぜい》よりは家柄《いえがら》がよい。仕事ができるわけではないが、陽気な性格《せいかく》で話がおもしろかったので、後白河《ごしらかわ》に気に入られ、めざまし

い速度で出世を重ねた。年齢《ねんれい》は二十六歳《さい》で、信西《しんぜい》の息子《むすこ》の世代である。信西《しんぜい》は信頼《のぶより》の出世ぶりに眉《まゆ》をひそめつつも、とくに警戒《けいかい》はしていなかった。

「陛下《へいか》の遊び相手にはちょうどよかろう」

信西《しんぜい》としては、信頼《のぶより》に自分の代わりがつとまるとは思っていない。むしろ、藤《ふじ》原経宗《わらのつねむね》ら二条天皇《にじょうてんのう》に近い者に注意を払《はら》っていた。

しかし、信頼《のぶより》は、信西《しんぜい》を上回る武力《ぶりょく》を持っていた。

これは信頼《のぶより》が武蔵守《むさしのかみ》をつとめており、また兄が陸奥守《むつのかみ》（陸奥《むつ》国は今の青森県、岩手県、宮城県など）をつとめていて、東国と関係が深いことによる。とくに、源義朝《みなもとのよしとも》とは以前から縁《えん》があり、義朝《よしとも》は信頼《のぶより》の支持《しじ》を得《え》て東国で活動していた。そのため、信頼《のぶより》は義朝《よしとも》を手足のように使える。

また、信頼《のぶより》は清盛《きよもり》にも近づいている。信頼《のぶより》の息子《むすこ》と清盛《きよもり》の娘《むすめ》の縁談《えんだん》がまとまっていた。

つまり、清盛《きよもり》は後白河《ごしらかわ》の側近《そっきん》二人と、政略結婚《せいりゃくけっこん》で結びついたのである。

「まったく、貴族《きぞく》の争いはみにくいものだ」

清盛《きよもり》はにやりと笑いながら、事態《じたい》を見守っていた。

抜《ぬ》きんでた力を持つ武士《ぶし》だから、だれもが清盛《きよもり》を味方につけようとする。清盛《きよもり》はだれに対しても、礼儀《れいぎ》正しくふるまい、親しくつきあったが、一人を選ぼうとはしなかった。

「はっきりと一方に味方すると、取り返しがつかなくなるからな。どちらに転んでもいいように、手を打っておく必要がある」

清盛《きよもり》は自分の立場《たちば》をよく知っており、それを生かすことができたのだ。

「そして金だな」

領地《りょうち》ではやっかいな寺社の勢力《せいりょく》と協力して、自分の収入《しゅうにゅう》をあげる。以前から興《きょう》味《み》を持っていた交易《こうえき》も拡大《かくだい》している。

清盛《きよもり》はどういう争いが起ころうとも、うまく立ちまわる自信があった。

　後白河院政派《ごしらかわいんせいは》の藤原信頼《ふじわらののぶより》と二条親政派《にじょうしんせいは》の藤原経宗《ふじわらのつねむね》は、仕える主君も、家柄《いえがら》も、世代も違《ちが》う。ただ一点、話が合うことがあった。

　ある宴《うたげ》の席で、信頼《のぶより》が経宗《つねむね》に話しかけた。

「信西《しんぜい》めには、我慢《がまん》がなりません。何ですか、あの偉《えら》そうな態度《たいど》は」

　信頼《のぶより》がいきどおると、経宗《つねむね》は薄笑《うすわら》いを浮《う》かべた。

「そのように人を悪く言うものではない」

「しかし、私《わたし》だけではありません。多くの者が信西《しんぜい》を嫌《きら》っておりますぞ」

「うむ、天皇陛下《てんのうへいか》もあまり好いてはおられぬようだな」

　経宗《つねむね》は声をひそめた。

　信頼《のぶより》がにじりよってささやく。

「ひとつ考えがあるのですが……」

　院政《いんせい》か親政《しんせい》か、で争う前に、協力して邪魔者《じゃまもの》、つまり信西《しんぜい》をのぞくべきではないか。信頼《のぶより》の案に、経宗《つねむね》はおどろきつつも興味《きょうみ》をしめした。

「ふうむ、後でくわしく聞こうか」

二人は秘密《ひみつ》の相談を重ねた。後白河上皇《ごしらかわじょうこう》の周りでも、二条天皇《にじょうてんのう》の周りでも、二人に賛成《さんせい》する者が次々と出てきた。

信西《しんぜい》は院政《いんせい》か親政《しんせい》かという問題で、頭がいっぱいだった。両派《りょうは》をとことん争わせるのか、それとも話し合いでうまく着地点を見つけるか。後白河《ごしらかわ》は権力《けんりょく》を求める気持ちが強すぎる。二条《にじょう》は経宗《つねむね》という外戚《がいせき》の存在《そんざい》がやっかいである。どちらにも問題があるが、自分なら調整できるはずだ。

院政派《いんせいは》と親政派《しんせいは》がはげしく対立している、と信西《しんぜい》は考えていた。両派《りょうは》が反信西《しんぜい》でまとまるとは、思ってもみなかった。

2

平治《へいじ》元年十二月（西暦《せいれき》一一六〇年一月）、平清盛《たいらのきよもり》は紀伊《きい》国（今の和歌山県）の熊野三山《くまのさんざん》

と呼《よ》ばれる三つの神社にお参りするため、京をはなれた。

出発にあたって、清盛《きよもり》は留守番《るすばん》役に言い聞かせていた。

「何か異変《いへん》が起こったら、すぐに知らせろ。状況《じょうきょう》がはっきりわからなくてもかまわない。何かあったということだけでいいから」

清盛《きよもり》ははっきりした情報《じょうほう》をつかんでいたわけではない。京の街はいつもと変わらぬ様子であった。藤原信頼《ふじわらののぶより》の屋敷《やしき》には人がよく出入りしているようだが、これは言わば日常《にちじょう》である。

ただ、どことなく緊張《きんちょう》が感じられた。だれかがどこかで息をひそめているような雰囲気《ふんいき》がある。それが気になったのだ。

実際《じっさい》に、信頼《のぶより》は清盛《きよもり》の動向をうかがっていた。

「あの男は曲者《くせもの》だ。どちらにもいい顔をして、味方のようにふるまっている。確実《かくじつ》に味方につけるには、勝つことだ。つまり、事前に声をかけるのではなく、先にしかけて信西《しんぜい》を討《う》ってから、話をすればいい」

その分析《ぶんせき》はおおむね正しい。清盛《きよもり》を仲間に引き入れるのは難《むずか》しかっただろう。信頼《のぶより》はそのかわりに、日頃《ひごろ》から面倒《めんどう》を見ていて、使いやすい源義朝《みなもとのよしとも》を呼《よ》んだ。

「そなたに重要な任務《にんむ》を与《あた》える」

そう聞いて、義朝《よしとも》ははりきった。

「何なりとお命じください」

「実はな……」

任務《にんむ》の内容《ないよう》を知ると、義朝《よしとも》はいっそうやる気になった。摂関《せっかん》家の力が弱まった今、義朝《よしとも》にとって、信頼《のぶより》は重要な後ろ盾《だて》である。信頼《のぶより》のために、敵対者《てきたいしゃ》を討《う》つのは喜《よろこ》びであった。

武力《ぶりょく》を用いて、仕える者を勝利にみちびくのが、武士《ぶし》の仕事だ。上皇《じょうこう》や天皇《てんのう》や上級貴族《きぞく》たち、そのような雲の上の人々の運命が、自分たちの武力《ぶりょく》にかかってくる。そう思うと、何よりのやりがいを感じる。もちろん、成功すれば、褒美《ほうび》が手に入る。さらに出世して、平清盛《たいらのきよもり》に並《なら》ぶ存在《そんざい》になれるかもしれない。

「清盛《きよもり》の留守《るす》に決行する」

信頼《のぶより》は義朝《よしとも》に告《つ》げた。

そして、清盛《きよもり》の出発から五日後、十二月九日深夜である。

十数騎《き》の騎馬武者《きばむしゃ》が、京の街路を駆《か》けていた。先頭に立つのは義朝《よしとも》である。めざしているのは、後白河上皇《ごしらかわじょうこう》が住む三条殿《さんじょうどの》だ。

義朝《よしとも》の仲間の武士《ぶし》には、院政派《いんせいは》も親政派《しんせいは》もいた。つまり、反信西《しんぜい》の同盟《どうめい》なのであった。目的は後白河《ごしらかわ》の救出《きゅうしゅつ》と、信西《しんぜい》の打倒《だとう》だ。

三条殿《さんじょうどの》に着くと、一人の武士《ぶし》が塀《へい》を乗り越《こ》えて中に入り、内側から門を開けた。

「何事だ!?」

警備《けいび》の武士《ぶし》が声をあげる。そののどもとに、矢が突《つ》き刺《さ》さった。

「上皇陛下《じょうこうへいか》をお連れせよ！　お怪我《けが》のないようにな」

義朝《よしとも》が命じると、武士《ぶし》たちが馬から飛びおりて、屋敷《やしき》に押《お》し入った。

中庭では、襲撃者《しゅうげきしゃ》たちと警備《けいび》の武士《ぶし》が斬《き》り合っていた。刀がきらめき、するどい金属音《きんぞくおん》がひびいている。準備《じゅんび》をしてきた襲撃者《しゅうげきしゃ》たちは、二人一組になって敵《てき》をはさみうちにし、次々と倒《たお》していく。

やがて、武士《ぶし》たちにかかえられて、後白河上皇《ごしらかわじょうこう》が姿《すがた》をあらわした。

「危険《きけん》はないだろうな。朕《ちん》を傷《きず》つけるでないぞ」

わめきながら、後白河《ごしらかわ》は車に乗りこんだ。人が引いて走り出し、数人の武士《ぶし》が守って、門を出て行く。

最初の目的は達した。義朝《よしとも》は高らかに叫《さけ》んだ。

「よし、火をかけろ!」

油がまかれ、火矢が赤い橋をかけた。たちまち、屋敷《やしき》から炎《ほのお》と煙《けむり》がふきだす。

三条殿《さんじょうどの》には、信西《しんぜい》と息子《むすこ》たちも住んでいる。彼《かれ》らを討《う》つのが、もうひとつの目的だ。

「た、助けてくれ」

煙《けむり》にせきこみながら、後白河《ごしらかわ》に仕える者たちが転がり出てきた。その後を追いかけるように、炎《ほのお》の舌《した》がのびてくる。

「人ちがいでもかまわぬ。出てくる者は皆殺《みなごろ》しにせよ」

義朝《よしとも》の命令は厳《きび》しい。武士《ぶし》たちは馬に乗って中庭を駆《か》けめぐり、炎《ほのお》に追われる者たちを踏《ふ》みつけ、切り払《はら》う。

だが、信西《しんぜい》の姿《すがた》は見あたらなかった。

実は、襲撃《しゅうげき》の寸前《すんぜん》、危険《きけん》に気づいて抜《ぬ》け出していたのである。

信西《しんぜい》は数人の部下を連れ、夜通し走った。自分だけでせいいっぱいで、息子《むすこ》や妻《つま》を連れてくることもできなかった。

朝まで走ってようやく、後白河《ごしらかわ》の持つ荘園《しょうえん》にたどりついた。身体《からだ》を休められたが、安全な場所とはいえない。

「平家《へいけ》の領国《りょうごく》に行くか……いや、あの男が味方になるはずはないか」

信西《しんぜい》は清盛《きよもり》の顔を思い浮《う》かべて、頭《かぶり》をふった。清盛《きよもり》はみずから悪事を働く男ではないが、追いつめられた者に手を貸《か》すほどお人好《ひとよ》しでもない。

やがて、京からの知らせが届《とど》いた。信頼《のぶより》が三条殿《さんじょうどの》をおそい、後白河上皇《ごしらかわじょうこう》と二条《にじょう》天皇《てんのう》の身を手中におさめたという。

「してやられたか……」

信西《しんぜい》はくちびるを噛《か》みやぶった。血の味が口に広がった。

信西《しんぜい》は信頼《のぶより》をまったく警戒《けいかい》していなかったわけではない。信頼《のぶより》が常識《じょうしき》ではありえない早さで出世するため、危険《きけん》だとは思っていた。

つい先日も、後白河上皇《ごしらかわじょうこう》に話したばかりである。

「昔から、かわいがっていた家臣に裏切《うらぎ》られる例がございます。注意しておくべきだと思いますぞ」

後白河《ごしらかわ》はうなずいたが、何の手も打たなかった。

そして、三条殿《さんじょうどの》が襲撃《しゅうげき》されたが、後白河《ごしらかわ》は無事で、信頼《のぶより》の陣営《じんえい》にいるという。

つまり、後白河《ごしらかわ》は信西《しんぜい》と信頼《のぶより》をてんびんにかけて、信頼《のぶより》をとったのだろう。

ならば、二条天皇《にじょうてんのう》を救《すく》い出せば、と、いったんは考えたが、二条《にじょう》の側近である藤原経宗《ふじわらのつねむね》らも信頼《のぶより》と協力しているという情報《じょうほう》が入った。

「なぜだ……?」

信西《しんぜい》にはわからなかった。自分がそこまで嫌《きら》われているとは思っていなかった。確実《かくじつ》なのは、もはや逆転《ぎゃくてん》の望みはないということであった。

「悪あがきは性《しょう》に合わないな」

信西《しんぜい》はみずから死を選んだ。

穴《あな》を掘《ほ》って中に入り、ひたすら念仏《ねんぶつ》を唱える。そのまま飢《う》え死にして土に埋《う》まれば、敵《てき》に見つからないですむ。死体をあばかれ、謀反人《むほんにん》としてさらされるのが嫌《いや》なので、生き埋《う》めを選んだのだ。

しかし、数日後、信西《しんぜい》のひそむ地に追っ手がやってきた。信西《しんぜい》は外の話し声でそれを知ると、短刀で首を突《つ》いて自害した。五十四歳《さい》であった。

信西《しんぜい》の遺体《いたい》は掘《ほ》り返され、首を切られてさらされた。結局、本人がおそれていたように、謀反人《むほんにん》としてあつかわれたのであった。

信西《しんぜい》の息子《むすこ》たちも捕《と》らえられ、流罪《るざい》となった。

「ははは、これで敵《てき》はいなくなった。ここまでうまく行くとはな」

信頼《のぶより》は勝ち誇《ほこ》っていたが、乱《らん》はこれで終わりではなかったのである。

3

清盛《きよもり》が事件《じけん》を知ったのは、紀伊《きい》国を旅しているときである。

三条殿《さんじょうどの》が襲撃《しゅうげき》されて信西《しんぜい》は逃亡《とうぼう》、後白河上皇《ごしらかわじょうこう》と二条天皇《にじょうてんのう》は藤原信頼《ふじわらのぶより》が保護《ほご》しているという知らせであった。

「そこまでやったのか」

清盛《きよもり》はおどろいた。信頼《のぶより》と信西《しんぜい》が争うだろうとは思っていたが、一方的に武力《ぶりょく》を用いるとは、そして後白河《ごしらかわ》や二条《にじょう》をまきこむとは予想外であった。

信頼《のぶより》がいったんは実権《じっけん》をにぎったのだろうが、次は院政派《いんせいは》と親政派《しんせいは》が争うのではなかろうか。今後、事態《じたい》がどう変わるかわからない。

「いったん太宰府《だざいふ》にでも逃《のが》れて、様子を見るべきだろうか」

清盛《きよもり》は九州の太宰府《だざいふ》の長官をつとめている。追いつめられたら、そういう手段《しゅだん》もあるが、このときは部下たちが反対した。

「この地には味方が大勢《おおぜい》います。兵をつのって京に戻《もど》りましょう」

京の南の伊賀《いが》（今の三重県西部）、伊勢《いせ》（今の三重県）、紀伊《きい》のあたりは平家《へいけ》の勢力範《せいりょくはん》囲《い》で、味方になる武士《ぶし》が多い。命令を出せば、配下の武士《ぶし》が駆《か》けつけてきて、京に戻《もど》るころには百騎《き》以上の軍勢《ぐんぜい》がそろうだろう。

「うむ、ならば情勢《じょうせい》をさぐりながら、戻《もど》るとするか」

清盛《きよもり》は決断《けつだん》した。さっそく、紀伊《きい》の武士《ぶし》が数十騎《き》をひきいて味方し、武具《ぶぐ》を提《てい》供《きょう》する者も出てきた。

清盛《きよもり》が京へ帰ったのは、十二月十七日である。

信頼《のぶより》が事情《じじょう》を説明する使者をよこした。信西《しんぜい》が謀反《むほん》を起こし、上皇《じょうこう》と天皇《てんのう》を討《う》とうとしたため、義朝《よしとも》を使って防《ふせ》いだのだという。

「今後も何かと危険《きけん》があるだろうが、義朝《よしとも》と協力して、どうか天皇陛下《てんのうへいか》を守ってくれ」

「はい。このたびは陛下《へいか》がご無事でようございました」

清盛《きよもり》はとりあえず返事をしたが、内心では怒《いか》りをおぼえていた。ずいぶんと乱《らん》暴《ぼう》な言い訳《わけ》だ。自分の留守《るす》をねらって事件《じけん》を起こされたことは、気分が悪かった。そのうえ、味方につくと思われている点も腹立《はらだ》たしい。

ただ、清盛《きよもり》は自分から動くつもりはない。

「対立する両派《りょうは》が、反信西《しんぜい》で手をにぎったのだ。信西《しんぜい》がいなくなれば、仲間割《わ》れがはじまるにちがいない。しばらく見守るとするか」

長く待つ必要はなかった。

信頼《のぶより》は二条天皇《にじょうてんのう》の名で、命令を出している。藤原経宗《ふじわらのつねむね》ら親政派《しんせいは》の仲間たちに気を使って、親政《しんせい》のかたちをとったのだ。

しかし、経宗《つねむね》は自分が主導権《しゅどうけん》をにぎれないのが不満であった。

「信頼《のぶより》はもう必要ない。いつまでも大きな顔をさせておくものか」

そう考えているが、信頼《のぶより》には義朝《よしとも》の軍勢《ぐんぜい》がついていて、簡単《かんたん》には手が出せない。

「京で一番力のある武士《ぶし》は清盛《きよもり》だ。あの男をどうにかして味方につけられないだろうか」

経宗《つねむね》ら二条親政派《にじょうしんせいは》は相談を重ねていた。

そこへ、信西《しんぜい》に近かった貴族《きぞく》の一人が声をかけた。

「信頼《のぶより》のやり方は許《ゆる》せません。そうは思いませんか」

信西派《しんぜいは》でなくても、貴族《きぞく》たちの多くは、信頼《のぶより》に反感を持っていた。武力《ぶりょく》を用いて敵《てき》を倒《たお》し、上皇《じょうこう》と天皇《てんのう》を手中にして実権《じっけん》をにぎるとは、何と野蛮《やばん》な男だろう。

三条殿《さんじょうどの》の襲撃《しゅうげき》では、罪《つみ》のない人々も殺《ころ》されているのだ。信頼《のぶより》が憎《にく》まれるのは当然であった。

「だが、私《わたし》たちは軍勢《ぐんぜい》を持たない。清盛《きよもり》が協力してくれるならよいが、あの男は信頼《のぶより》の息子《むすこ》を婿《むこ》に迎《むか》えている。信頼《のぶより》の側につくのではないか」

「清盛《きよもり》を味方につける策《さく》ならあります」

「……ほう、くわしく聞こうか」

説明を受けて、経宗《つねむね》は大きくうなずいた。

「なるほど、それなら清盛《きよもり》を説得《せっとく》できるかもしれない」

経宗《つねむね》ら親政派《しんせいは》は、反信頼派《のぶよりは》の貴族《きぞく》たちと結びついた。ここに、乱《らん》の第二章がはじまったのである。

十二月二十五日朝、清盛《きよもり》は信頼《のぶより》にしたがうという意味の文書を出した。

信頼《のぶより》は喜《よろこ》んだが、側《そば》に仕える義朝《よしとも》は眉《まゆ》をひそめていた。

「本当に味方であればいいのだが……」

清盛《きよもり》は京の南東部、六波羅《ろくはら》に本拠《ほんきょ》をおいている。そこに軍勢《ぐんぜい》が集まっていることとが、義朝《よしとも》は気になっていた。

「みな体格《たいかく》がよく、よろいかぶとも立派《りっぱ》で、いかにも強そうだ。我《われ》らの軍勢《ぐんぜい》ではかなわないかもしれない」

義朝《よしとも》は不安をおさえられなかった。清盛《きよもり》のもとには、周辺の領地《りょうち》から武士《ぶし》たちが集まってきている。義朝《よしとも》も配下の軍勢《ぐんぜい》を呼《よ》んでいるのだが、東国は遠いので、すぐには来《こ》られない。このときはまだ、長男の義平《よしひら》が十騎《き》あまりをひきいて駆《か》けつけているだけである。

「我《わ》が方は兵力にやや不安があります」

義朝《よしとも》が言うと、信頼《のぶより》は声をとがらせた。

「だから清盛《きよもり》を味方に引き入れたのではないか」

「しかし、どれだけ信用できるかわかりません」

信頼《のぶより》は義朝《よしとも》を見やって苦笑《くしょう》した。

「心配するな。清盛《きよもり》が味方になっても、そなたをないがしろにはしない」

「な……！」

義朝《よしとも》のほおが怒《いか》りで赤く染《そ》まった。清盛《きよもり》が陣営《じんえい》に加わったら、義朝《よしとも》の居場所《いばしょ》がなくなってしまう。そういう心配をしていると思われたのだ。

「誤解《ごかい》しないでください！」

義朝《よしとも》は声を大きくしたが、信頼《のぶより》は笑ってとりあわなかった。

その日の夜、清盛《きよもり》は床《とこ》につかなかった。

「さて、今日は長い夜になりそうだな」

火鉢《ひばち》にあたりながら、つぶやく。

反信頼派《のぶよりは》は、上皇《じょうこう》と天皇《てんのう》を内裏《だいり》から脱出《だっしゅつ》させ、信頼《のぶより》から引きはなす作戦を立てていた。天皇《てんのう》といっしょにいて、天皇《てんのう》の名で命令を出せるからこそ、信頼《のぶより》は権力《けんりょく》をふるえるのである。引きはなして、天皇《てんのう》の敵《てき》としてしまえば、信頼《のぶより》は無力になる。

清盛《きよもり》は作戦を知らされたとき、慎重《しんちょう》に答えた。

「私《わたし》は天皇陛下《てんのうへいか》の臣《しん》ですから、陛下《へいか》のご命令にしたがいます」

すなわち、作戦が成功したら、清盛《きよもり》は信頼《のぶより》を討伐《とうばつ》するほうにまわるのだ。

先に動いたのは、後白河上皇《ごしらかわじょうこう》であった。反信頼派《のぶよりは》の貴族《きぞく》からこっそり計画を知らされると、後白河《ごしらかわ》は一も二もなく応《おう》じた。

「信頼《のぶより》の恩《おん》知らずにはうんざりしていたのだ。もっと早く事を起こしてもよかったのではないか」

信頼《のぶより》は、後白河《ごしらかわ》に引き立てられて常識《じょうしき》はずれの出世を果たしたにもかかわらず、院政《いんせい》をさせていなかった。後白河《ごしらかわ》が怒《おこ》るのも当然である。

「護衛《ごえい》の武士《ぶし》はどこにいる？」

「申《もう》し訳《わけ》ございませんが、こちらでは用意しておりません。平家《へいけ》の軍勢《ぐんぜい》が待つ六《ろく》波羅《はら》まで逃《のが》れてください」

後白河《ごしらかわ》はむっとした。だが、反信頼派《のぶよりは》の貴族《きぞく》は動じない。

反信頼派《のぶよりは》も二条天皇《にじょうてんのう》の親政《しんせい》を支持《しじ》しているのだ。後白河《ごしらかわ》を脱出《だっしゅつ》させるのは、信《のぶ》頼《より》に利用させたくないからで、院政《いんせい》をさせるためではない。

腹《はら》を立てた後白河《ごしらかわ》だが、信頼《のぶより》のもとにとどまる選択肢《せんたくし》はなかった。清盛《きよもり》が敵《てき》にまわったら、信頼《のぶより》に勝ち目はない。天皇《てんのう》と対立して敗れれば、崇徳上皇《すとくじょうこう》のような運命が待っている。

「とりあえず脱《ぬ》け出して様子を見るか」

決断《けつだん》に時間はかからなかった。二条《にじょう》が無事に脱出《だっしゅつ》したのを確認《かくにん》してから、六波羅《ろくはら》に向かえばよい。

わずかな供《とも》を連れて、後白河《ごしらかわ》は内裏《だいり》を出た。見とがめる者はいなかった。

4

後白河上皇《ごしらかわじょうこう》と違《ちが》って、二条天皇《にじょうてんのう》が寝起《ねお》きする御殿《ごてん》は、義朝《よしとも》配下の武士《ぶし》たちに守られている。

深夜、内裏《だいり》の近くで火の手があがった。風向きが変われば、内裏《だいり》も被害《ひがい》を受けるかもしれない。武士《ぶし》たちの注意は火事に向けられた。

そのすきに、車が一台、裏門《うらもん》に向かっていた。車を引くのは男だが、五人の女官に囲《かこ》まれていて、かんばしい香りがただよっている。車はゆっくりと進む。

裏門《うらもん》には武士《ぶし》がひとり立っていたが、車をちらりと見て、脇《わき》によけた。高貴《こうき》な女性《じょせい》が乗っていると思ったのだろう。

裏門《うらもん》を出た車は、角を曲がって止まった。清盛《きよもり》が送った迎《むか》えの武士《ぶし》と牛車《ぎっしゃ》が待機していた。車に乗っていたのは二条天皇《にじょうてんのう》である。車を乗りかえ、武士《ぶし》たちに守られて、六波羅《ろくはら》をめざす。この後、天皇《てんのう》家の宝物《たからもの》などの荷物も持ち出された。

二条《にじょう》は無事に内裏《だいり》を脱出《だっしゅつ》し、六波羅《ろくはら》の清盛《きよもり》の屋敷《やしき》に入った。これを聞いて、後白河《ごしらかわ》も合流し、皇族《こうぞく》の女性《じょせい》たちもやってきた。

「これで信頼《のぶより》は終わりだな」

清盛《きよもり》は表面上は落ちついていたが、内心では大声で笑いたい気分であった。天《てん》皇《のう》と上皇《じょうこう》が反信頼派《のぶよりは》についたので、反信頼派《のぶよりは》は官軍、信頼《のぶより》は謀反人《むほんにん》となった。清《きよ》盛《もり》は官軍であるうえに、兵力で敵《てき》を大きく上回っている。今回も勝ち戦《いくさ》だ。清《きよ》

朝になって、摂関《せっかん》家の忠通《ただみち》が息子《むすこ》とともに六波羅《ろくはら》にやってきた。反信頼派《のぶよりは》の貴《き》
族《ぞく》たちがおどろいて迎《むか》える。

「あなた方は信頼《のぶより》の味方だと思っていましたが」

忠通《ただみち》の息子《むすこ》は、信頼《のぶより》の妹を妻《つま》としている。忠通《ただみち》は信頼《のぶより》と結んで、摂関《せっかん》家の地位
を保《たも》とうとしており、信頼派《のぶよりは》とみられていた。

「これは心外な。私《わたし》たちは天皇陛下《てんのうへいか》にしたがうのみだ」

忠通《ただみち》が言うと、貴族《きぞく》たちは眉《まゆ》をひそめた。何をいまさら、という気持ちである。

意見を求められた清盛《きよもり》は、笑って答えた。

「味方が増《ふ》えるぶんにはよいでしょう。深刻《しんこく》に考えることではありません」

忠通《ただみち》はほっと息をついた。

清盛《きよもり》はさっそく二条天皇《にじょうてんのう》に頼《たの》んで、「信頼《のぶより》を討《う》て」という命令を出させた。清《きよ》

盛《もり》ひきいる官軍が六波羅《ろくはら》から出動する。

そのころ内裏《だいり》では、二条天皇《にじょうてんのう》がいないのに気づいて、大騒《おおさわ》ぎが起こっていた。

「陛下《へいか》はどちらにいらっしゃるのだ」

信頼《のぶより》が大きな足音を立てて、廊下《ろうか》を行ったり来たりしている。中庭に立つ義朝《よしとも》は、厳《きび》しい顔を空に向けて無言である。

やがて、報告《ほうこく》が入った。

天皇《てんのう》と上皇《じょうこう》は反信頼派《のぶよりは》に奪《うば》われ、六波羅《ろくはら》に移動《いどう》したという。つまり、清盛《きよもり》が敵《てき》にまわったということだ。

「何だと!?」

信頼《のぶより》は口をあんぐりと開けた。まるで目が見えなくなったかのように、左右にふらふらと歩く。

「日本一の愚《おろ》か者め!」

義朝《よしとも》が叫《さけ》んだ。

信頼《のぶより》は面と向かってののしられたのだが、非礼《ひれい》をとがめることもできなかった。うろうろとしていたかと思うと、たましいが抜《ぬ》けたようにすわりこんでしまう。

「どうすればいいのだ……」

生気を失ったくちびるから、つぶやきがもれた。

義朝《よしとも》が足音高く歩みよる。

「戦うしかないでしょう！」

信頼《のぶより》はうつむいた。

「勝てるはずがない」

「では、降伏《こうふく》しますか？　謀反人《むほんにん》として首を切られるだけですが」

信頼《のぶより》は嫌々《いやいや》をするように頭《かぶり》をふった。

そして、ゆっくりと立ちあがる。

「……よろいかぶとを用意しろ」

信頼《のぶより》は低い声で命じた。

「せめて、一矢《いっし》むくいてくれよう」

「お供《とも》します」

義朝《よしとも》は晴れやかな顔で告《つ》げた。義朝《よしとも》も信頼《のぶより》とともに謀反人《むほんにん》とされていることはまちがいない。今さら降伏《こうふく》して、助けてもらえるとは思えなかった。勝ち目がなくても、戦って道を切り開くしかないのだ。

義朝《よしとも》は保元《ほうげん》の乱《らん》を思い出していた。

あのときも、戦《いくさ》のはじまる前から勝敗はほぼ決まっていた。

絶望《ぜつぼう》的な戦いに向かう父や弟は、どのような気持ちだったのだろうか。

四章

平氏政《せい》権《けん》への道

1

藤原信頼《ふじわらのぶより》は、配下の武士《ぶし》を数えて、顔をしかめた。義朝《よしとも》以下、名のある者が二十騎《き》ばかりしかいない。

味方だったはずの者の名をあげては、信頼《のぶより》は呪《のろ》いの言葉をつぶやいた。昨日までこちらの陣営《じんえい》にいた者のうち、半分も残っていないのではないか。

「恩知《おんし》らずどもめ！」

信頼《のぶより》はののしった。

だが、二条天皇《にじょうてんのう》に仕えていた武士《ぶし》が、天皇《てんのう》を追って去るのは当然である。また、反信西《しんぜい》で信頼《のぶより》に味方した者は、信頼個人《のぶよりこじん》に親しみを感じているわけではない。状況《じょうきょう》が悪くなれば、逃《に》げ出すだろう。

「怒《おこ》っても仕方ありません。ここにいる者で、できるだけのことをしましょう」

義朝《よしとも》は急いで策《さく》をまとめた。

すでにときの声が聞こえている。清盛《きよもり》の軍勢《ぐんぜい》がこちらに向かっているのだろう。時間がない。

「敵《てき》は部隊を分けて内裏《だいり》の各門を攻《せ》めるでしょう。我《われ》らはひとかたまりになって駆《か》け、逆《ぎゃく》に六波羅《ろくはら》を攻《せ》めます」

「内裏《だいり》の守りはどうするのだ？」

信頼《のぶより》がいらいらした気持ちをぶつけた。義朝《よしとも》が言い返す。

「何を守るというのです？」

信頼《のぶより》は口をとがらせて沈黙《ちんもく》した。

内裏《だいり》には天皇《てんのう》も上皇《じょうこう》もいないのだ。主《あるじ》のいない屋敷《やしき》を守っても意味はない。六波羅《はら》の屋敷《やしき》に攻《せ》めこんで清盛《きよもり》を討《う》つ。あるいは天皇《てんのう》を奪《うば》い返す。それしかない。

「……ならば、私《わたし》も出よう」

信頼《のぶより》は仕方ないといった様子で告《つ》げた。

義朝《よしとも》は門を出ると、細い道を選んで馬を走らせた。なるべく敵《てき》の大軍に会わないで、六波羅《ろくはら》にたどりつきたい。

義朝《よしとも》の隣《となり》には、乳兄弟《ちきょうだい》の鎌田正清《かまたまさきよ》がしたがっている。

「おれが十騎《き》や二十騎《き》は引き受けます。その間に、清盛《きよもり》の首をとってください」

正清《まさきよ》の言葉に、義朝《よしとも》は微笑《びしょう》でこたえた。

「ああ、頼《たの》もしいな」

義朝《よしとも》はなぜか、弟の為朝《ためとも》の顔を思い浮《う》かべた。

そのとき、前方に人馬の影《かげ》が見えた。声が聞こえてくる。

「いたぞ！　賊《ぞく》どもだ！」

「私《わたし》たちは賊《ぞく》らしいですよ」

鎌田正清《かまたまさきよ》が苦笑《くしょう》して、弓を手にとった。すばやく矢をつがえて、射放《いはな》す。

馬のいななきがひびいた。首に矢が刺《さ》さったようだ。

乗り手は暴《あば》れる馬をおさえられず、転がり落ちた。そのよろいを見て、義朝《よしとも》は軽く目をみはった。立派《りっぱ》なよろいだ。名のある武士《ぶし》にちがいない。

これは清盛《きよもり》の息子《むすこ》、重盛《しげもり》であった。二十二歳《さい》の若武者《わかむしゃ》だ。重盛《しげもり》はふらつきながらも立ちあがって、刀を抜《ぬ》いた。その周りを、重盛《しげもり》配下の武士《ぶし》や従者《じゅうしゃ》が囲《かこ》む。

「首をとってやります」

馬から飛びおりようとする正清《まさきよ》を、義朝《よしとも》は止めた。

「いや、このまま駆《か》け抜《ぬ》ける」

ここで時間をついやせば、わずかな勝利の望みもなくなる。正清《まさきよ》はにやりと笑って応《おう》じた。

「わかりました。ほしいのは清盛《きよもり》の首だけですね」

重盛《しげもり》を守る武士《ぶし》たちを蹴散《けち》らして、義朝《よしとも》隊は駆《か》けた。土煙《つちけむり》をあげて、せまい通りを駆《か》け抜《ぬ》ける。十数騎《き》の部隊が立ちふさがったが、義朝《よしとも》と正清《まさきよ》が先に矢を放って、敵《てき》をひるませた。さらに義朝《よしとも》の長男、義平《よしひら》が刀をあやつって切り払《はら》う。

義平《よしひら》はまだ十九歳《さい》だが、関東の戦《いくさ》で活躍《かつやく》した武勇《ぶゆう》の持ち主である。馬を走らせながら刀をふるって、あっというまに五人の敵《てき》を落馬させた。

義平《よしひら》は刀についた血を振《ふ》りはらうと、背後《はいご》にちらりと目をやった。弟がつづいていることを確認《かくにん》したのである。

「頼朝《よりとも》、けがはないか」

「はい、兄上。すみません、私《わたし》はまだ、ひとりも倒《たお》せず……」

三男の頼朝《よりとも》は十三歳《さい》である。まだ幼《おさな》さの残る顔つきだが、必死で馬を走らせて、兄や父につづいている。

義平《よしひら》は弟を安心させるように笑った。

「かまわぬ。おまえは大事な跡取《あとと》りだ。生き残ることだけを考えよ」

頼朝《よりとも》は母の身分が高いので、義朝《よしとも》の後継《あとつ》ぎとみなされている。もっとも、この絶望《ぜつぼう》的な戦いを生きのびなければ、先はない。

このとき、信頼《のぶより》の姿《すがた》はすでに消えていた。馬に乗って門を出た後、列をはなれたのである。ついてこられなかったのか、逃《に》げ出したのか、義朝《よしとも》たちはもはや気にしなかった。

義朝《よしとも》隊は鴨川《かもがわ》の河原《かわら》に出た。周りが開けたが、敵《てき》の姿《すがた》はまばらである。平家《へいけ》軍の主力は内裏《だいり》を攻《せ》めているようだ。

「よし、このまま六波羅《ろくはら》を攻《せ》める」

義朝《よしとも》は水しぶきをあげて、川を渡《わた》った。土手を越《こ》えて、清盛《きよもり》の屋敷《やしき》に向かって駆《か》ける。

「む？　あれは……」

先頭の鎌田正清《かまたまさきよ》が目を細めた。

門の前に敵《てき》を防《ふせ》ぐための竹垣《たけがき》と柵《さく》が立ててある。門を守る武士《ぶし》が竹垣《たけがき》のかげから矢を放ってきた。

正清《まさきよ》は迫《せま》りくる矢を紙一重でよけた。そのまま突《つ》っこんで、竹垣《たけがき》の向こうの敵《てき》に斬《き》りつける。義朝《よしとも》や義平《よしひら》がつづいた。刀が打ち合わされ、はげしい金属音《きんぞくおん》が鳴りひびく。

門の内側では、清盛《きよもり》がよろいかぶとに身を固めて、馬にまたがっていた。どこにも隙《すき》はない。

「ようやくここまで来たか」

つぶやいて腰《こし》の刀に手をやったが、抜《ぬ》きはしない。清盛《きよもり》は義朝《よしとも》の意図を読んで、準備《じゅんび》をととのえていた。敵《てき》はしょせん少数だ。突破《とっぱ》されないという自信がある。

しかし、義朝《よしとも》たちは猛攻《もうこう》をくわえて、平家《へいけ》軍を押《お》しまくった。竹垣《たけがき》と柵《さく》が壊《こわ》され、門まで後一歩に迫《せま》る。

「門が破《やぶ》られそうです！」

「き、危険《きけん》です。おさがりください」

清盛《きよもり》を守る武士《ぶし》たちはうろたえていたが、清盛《きよもり》自身は落ちついていた。

「心配するな。そろそろ彼《かれ》らが戻《もど》ってくる」

彼《かれ》ら、というのは、内裏《だいり》を攻《せ》めている主力部隊のことである。あの大軍が戻《もど》ってくれば、義朝《よしとも》隊など敵《てき》ではない。

清盛《きよもり》の言ったとおりであった。

門の外では、ときの声とひづめの音がひびき、旗がおどるように上下していた。平家《へいけ》軍の主力が次々と姿《すがた》をあらわす。

「くっ、届《とど》かなかったか」

義朝《よしとも》は額《ひたい》の汗《あせ》と血をこぶしでぬぐった。

敵《てき》が矢を射《い》かけてくる。とても防《ふせ》げる数ではない。

「いったん引くぞ」

義朝《よしとも》隊は敵《てき》に押《お》されるようにして、河原《かわら》まで下がった。開けた場所に出たので、矢はよけやすいが、このままでは包囲《ほうい》されてしまう。

味方を見回すと、義平《よしひら》や頼朝《よりとも》をはじめ、十騎《き》ほどしか残っていない。いや、もう一騎《いっき》、鎌田正清《かまたまさきよ》が駆《か》けてきた。刀もよろいも赤く染《そ》まっている。最後方で、敵《てき》を食《く》いとめていたのだ。

敵《てき》は三方から近づいてきており、川の対岸でも待ちかまえている。あわせて数百騎《き》はいるだろうか。

「ここが墓場《はかば》かな」

義朝《よしとも》がすごみのある笑《え》みを浮《う》かべた。

「なるべく多く道連れにしてやります」

長男の義平《よしひら》も賛成《さんせい》したが、鎌田正清《かまたまさきよ》が止めた。

「まだあきらめるのは早いですぞ。東国まで逃《に》げれば、味方は大勢《おおぜい》います。そこで再起《さいき》をはかりましょう」

義朝《よしとも》は味方と敵《てき》を見くらべて、ふっと息をついた。

「たやすいこととは思えぬが、挑《いど》む意味はあるか」

反対する者はいなかった。

主従《しゅうじゅう》はひとかたまりとなって、敵《てき》の一番薄《うす》いところめがけて駆《か》け出した。

2

「逃《に》げられた、だと!?」

清盛《きよもり》がはじめて、声を荒《あら》らげた。

義朝《よしとも》は息子《むすこ》たちとともに包囲《ほうい》を突破《とっぱ》して、東へ駆《か》け去ったという。

「申《もう》し訳《わけ》ございませぬ」

平伏《へいふく》してあやまる家臣を見おろして、清盛《きよもり》は冷静さを取り戻《もど》した。

「もうよい。逃《に》げたと言っても、傷《きず》を負い、味方もほとんど残っていないのであろう。いずれ捕《と》らえられる」

義朝《よしとも》は天皇《てんのう》にさからった謀反人《むほんにん》である。捕《と》らえたり、殺《ころ》したりすれば、褒美《ほうび》が手に入る。それを目当てに、多くの武士《ぶし》、いや農民も義朝《よしとも》をねらう。東国までの道のりのどこかで、義朝《よしとも》の運はつきるだろう。

謀反《むほん》の中心人物とされた藤原信頼《ふじわらののぶより》は、逃《に》げられないとさとって、その日のうちに降伏《こうふく》した。後白河上皇《ごしらかわじょうこう》に助けてくれるよう願ったのだが、承知《しょうち》するはずもない。

「あやつは裏切《うらぎ》り者だ。助ける価値《かち》などない」

後白河《ごしらかわ》に見捨《みす》てられた信頼《のぶより》は、清盛《きよもり》に頭を下げた。

「私《わたし》は謀反《むほん》など起こしていない。裏切《うらぎ》り者は信西《しんぜい》だ。みな賛成《さんせい》していたではないか。私《わたし》は悪くない」

「見苦しいものだな」

清盛《きよもり》はあきれた。

信頼《のぶより》の罪《つみ》は重いとされ、処刑《しょけい》されることとなった。信頼《のぶより》が信西《しんぜい》を追い落として政権《せいけん》をにぎった期間は、二十日にも満たなかった。貴族《きぞく》が死刑《しけい》になるのは、九世《せい》紀《き》はじめ以来、三百五十年ぶりである。信頼《のぶより》は二十七歳《さい》であった。

義朝《よしとも》は逃亡《とうぼう》の途中《とちゅう》で、息子《むすこ》の義平《よしひら》や頼朝《よりとも》とはぐれた。馬も失い、体中に傷《きず》を負い、よろいかぶともぼろぼろになっての逃避行《とうひこう》である。したがうのは、乳兄弟《ちきょうだい》の鎌田正清《かまたまさきよ》ひとりになっていた。

六波羅《ろくはら》での戦《いくさ》から三日後、義朝《よしとも》は尾張《おわり》国（今の愛知県）までたどりつき、ある武《ぶ》士《し》の館に身をよせた。この武士《ぶし》は、正清《まさきよ》の妻《つま》の父だったため、二人をかくまうと申し出たのだ。

「ここにいれば、しばらくは安全でしょう。ゆっくりと傷《きず》をいやしてから、東国へ旅立ってください」

武士《ぶし》は二人に風呂《ふろ》に入るようすすめた。

「ありがたい」

義朝《よしとも》はほっとして、武装《ぶそう》をといた。刀だけは肌身《はだみ》はなさず、風呂《ふろ》に向かう。傷《きず》の痛《いた》みに耐《た》えながら、湯につかっているときである。屋敷《やしき》のほうから、声が聞こえてきた。

「義朝《よしとも》は湯に入ったか？」

「ええ、すっかり油断《ゆだん》している様子です」

義朝《よしとも》と正清《まさきよ》ははっとして顔を見あわせた。

「……だまされたか」

「申《もう》し訳《わけ》ございませぬ」

正清《まさきよ》が勢《いきお》いよく頭を下げると、水しぶきが散った。

義朝《よしとも》は淡々《たんたん》としている。

「さすがにこれまでかな」

正清《まさきよ》は今度は引き止めなかった。

「……お供《とも》いたします」

「うむ、おぬしの忠誠《ちゅうせい》には感謝《かんしゃ》している。最期《さいご》の命令を聞いてくれ」

義朝《よしとも》は刀を差し出した。正清《まさきよ》は主君を斬《き》った後、自害して死んだ。二人はともに三十七歳《さい》であった。

義朝《よしとも》の長男、義平《よしひら》は年が明けてから捕《と》らえられ、処刑《しょけい》された。

頼朝《よりとも》は父や兄とはぐれてさまよっているところを捕《と》らえられた。ただ、頼朝《よりとも》は後白河《ごしらかわ》の姉に仕えていて、宮中に知り合いが多く、年も若《わか》かったことから、助命を願う声が多かった。そこで、清盛《きよもり》の父の正妻《せいさい》であった池禅尼《いけのぜんに》が、清盛《きよもり》に伝えた。

「あの子は助けてやりましょう」

清盛《きよもり》も、多くの血を流したいとは思っていない。深く考えずにこれを受け入れ、頼朝《よりとも》は伊豆《いず》に流すと定《さだ》めた。

頼朝《よりとも》が平家《へいけ》を倒《たお》し、鎌倉幕府《かまくらばくふ》を開くのは、これより二十五年後のことである。

3

信西《しんぜい》と信頼《のぶより》が倒《たお》された一連の争いを、平治《へいじ》の乱《らん》という。

後白河上皇《ごしらかわじょうこう》の近臣として出世した二人がいなくなったため、院政派《いんせいは》と親政派《しんせいは》の争いは親政派《しんせいは》の勝利で決着がついたかと思われた。藤原経宗《ふじわらのつねむね》ら二条天皇《にじょうてんのう》の側近たちは、思うままにふるまいはじめる。

年が明けて永暦《えいりゃく》元年（西暦《せいれき》一一六〇年）、京の街が少しずつ落ちつきを取り戻《もど》しはじめたころ、また事件《じけん》が起こった。

後白河上皇《ごしらかわじょうこう》は、民《たみ》の暮《く》らしや芸能《げいのう》を見るのが好きである。その日も屋敷《やしき》につくった台の上から、通りの様子をながめていた。

すると、急に通りがさわがしくなった。大量の材木や板が運ばれてくる。

「どこかに家をつくるのかな」

後白河《ごしらかわ》がのんびりと見ていると、材木や板が塀《へい》に立てかけられ、視界《しかい》がふさがれてしまった。何かをつくっているわけではない。これは単に、後白河《ごしらかわ》に対する嫌《いや》がらせであった。

「おのれ……」

後白河《ごしらかわ》は手にしていた扇子《せんす》を二つに折った。経宗《つねむね》ら親政派《しんせいは》のしわざに決まっている。彼《かれ》らは事あるごとに後白河《ごしらかわ》に嫌《いや》がらせをして、すべての権力《けんりょく》を二条天皇《にじょうてんのう》に渡《わた》すよう迫《せま》っているのだ。

「目にもの見せてやる」

後白河《ごしらかわ》は決意を固めたが、近臣には力のある者がいない。そこで、清盛《きよもり》を呼《よ》んだ。経宗《つねむね》らの悪行を伝え、処分《しょぶん》してくれるよう願う。

「私《わたし》に言われても困《こま》ります……」

清盛《きよもり》は上皇《じょうこう》と天皇《てんのう》の、院政派《いんせいは》と親政派《しんせいは》の争いに関わりたくなかった。だが、後《ご》白河《しらかわ》は目に涙《なみだ》すら浮《う》かべて訴《うった》える。

「そもそも、経宗《つねむね》らが信頼《のぶより》と組んで、信西《しんぜい》をおそったのが乱《らん》のはじまりであろう。信頼《のぶより》だけが討《う》たれて終わりでは道理に合わない。経宗《つねむね》らも処分《しょぶん》するべきではないか」

「……さようでございますな」

後白河《ごしらかわ》の言い分には一理あった。武力《ぶりょく》を用いて対立者を討《う》った者が、最終的に権力《けんりょく》を得《え》ていいのか。

「他の者の意見も聞いてみましょう」

貴族《きぞく》たちが、今回の事件《じけん》をどうとらえているのか、清盛《きよもり》は慎重《しんちょう》にさぐった。摂関《せっかん》家の忠通《ただみち》は、後白河《ごしらかわ》と同じように、経宗《つねむね》らを処分《しょぶん》するよう主張《しゅちょう》した。これは、自分たちの地位を奪《うば》われたくないからである。ただ、他の貴族《きぞく》たちも、経宗《つねむね》らのやり口に反感をいだいているようだった。親政派《しんせいは》のなかでも、彼《かれ》らの処分《しょぶん》を望む声が多い。

「ふむ、経宗《つねむね》らは相当に嫌《きら》われているようだな。野放しにすれば、私《わたし》も非難《ひなん》されそうだ」

二月二十日、清盛《きよもり》は部下に命じて、経宗《つねむね》らを捕《と》らえさせた。後白河《ごしらかわ》の前で痛《いた》めつけて、罪《つみ》を認《みと》めさせる。

経宗《つねむね》は流罪《るざい》となった。逆《ぎゃく》に、流罪《るざい》となっていた信西《しんぜい》の息子《むすこ》たちは、罪《つみ》を取り消され、京に戻《もど》ることが許《ゆる》された。

この年の六月、清盛《きよもり》は正三位《しょうさんみ》にのぼり、武士《ぶし》としてはじめて公卿《くぎょう》となった。父が望んで届《とど》かなかった地位を、四十三歳《さい》にして得《え》たのだ。一族の者も次々と高位についている。

保元《ほうげん》の乱《らん》、平治《へいじ》の乱《らん》は、中心となった者がほとんど退場《たいじょう》し、清盛《きよもり》の一人勝《ひとりが》ちとなった。清盛《きよもり》ひきいる平家《へいけ》一門は、京の武力《ぶりょく》をほぼ独占《どくせん》して、朝廷《ちょうてい》や貴族《きぞく》社会に強い影響力《えいきょうりょく》をふるうようになった。

ただ、清盛《きよもり》は権力《けんりょく》を得《え》た者が次々と滅《ほろ》ぶのを間近で見ていた。

「おごってはならない。何事も慎重《しんちょう》にな」

自分に言い聞かせる清盛《きよもり》であった。

平治《へいじ》の乱《らん》のあとも、後白河上皇《ごしらかわじょうこう》と二条天皇《にじょうてんのう》の政治《せいじ》的な綱引《つなひ》きはつづいた。清盛《きよもり》はどちらとも密接《みっせつ》なつながりを持ちつつ、争いに深入りはしなかった。

いったんは二条天皇《にじょうてんのう》が勝利して親政《しんせい》をおこなったが、二条《にじょう》は長寛《ちょうかん》三年（西暦《せいれき》一一六五年）に世を去り、後白河上皇《ごしらかわじょうこう》の院政《いんせい》がはじまった。いずれにしても、武力《ぶりょく》の

面では平家《へいけ》一門に頼《たよ》るしかなく、清盛《きよもり》の地位はあがっていく。
清盛《きよもり》は天皇《てんのう》の一族に平家《へいけ》の娘《むすめ》を嫁《とつ》がせて縁《えん》を深めた。また、日宋貿易《にっそうぼうえき》で富を得《え》て、経済力《けいざいりょく》を高めた。

平治《へいじ》の乱《らん》から十年あまりが立つと、平家《へいけ》の繁栄《はんえい》はきわまり、「平家《へいけ》にあらずんば人にあらず」と言われるような状況《じょうきょう》となる。

平家《へいけ》に対する反発も出てきた。院政《いんせい》をおこなっていた後白河法皇《ごしらかわほうおう》は清盛《きよもり》と対立し、近臣たちを使って、平家打倒《へいけだとう》を試みる。治承《じしょう》元年（西暦《せいれき》一一七七年）、この企《たくら》みが密告《みっこく》によってもれ、後白河《ごしらかわ》の近臣たちは処分《しょぶん》された。この事件《じけん》を鹿ヶ谷《ししがたに》の陰謀《いんぼう》という。

このとき、後白河法皇《ごしらかわほうおう》は罪《つみ》に問われず、対立はさらにつづいた。治承《じしょう》三年（西《せい》暦《れき》一一七九年）、清盛《きよもり》はついに兵をあげて、京に乗りこむ。多くの反平家《へいけ》の貴族《きぞく》が処分《しょぶん》され、後白河《ごしらかわ》は院政《いんせい》をやめさせられた。これが治承《じしょう》三年の政変《せいへん》で、清盛《きよもり》は天《てん》皇家《のう》をしたがわせ、平氏政権《せいけん》をきずいた。平治《へいじ》の乱《らん》から二十年後のことである。

だが、平氏政権《せいけん》は安定していなかった。ほどなくして、源氏《げんじ》を中心に、各地で反乱《はんらん》の火の手があがる。平治《へいじ》の乱《らん》で助命された源頼朝《みなもとのよりとも》も、立ちあがった一人である。

清盛《きよもり》は治承《じしょう》五年（西暦《せいれき》一一八一年）に病死する。それ以後、平家《へいけ》は坂を転げ落ちるように、滅亡《めつぼう》への道をたどるのであった。

保《ほう》元《げん》の乱《らん》、平《へい》治《じ》の乱《らん》について

「保元《ほうげん》の乱《らん》」「平治《へいじ》の乱《らん》」という名称《めいしょう》は、日本史《にほんし》の授業《じゅぎょう》で耳にすると思います。ただ、その具体的な内容《ないよう》を知っている人は少ないのではないでしょうか。対立関係が複雑《ふくざつ》で、人名も藤原《ふじわら》氏ばかりでまぎらわしいので、おぼえられないのも無理はありません。歴史的《れきしてき》に重要なのは、都での天皇《てんのう》家や貴族《きぞく》の争いに武力《ぶりょく》が用いられたこと（数百年ぶり！）、そしてそれによって、武士《ぶし》の役割《やくわり》が大きくなったことです。また、この二つの乱《らん》で、平清盛《たいらのきよもり》が権力《けんりょく》をにぎるための足場を固めました。

乱《らん》が起こるまでの過程《かてい》で、誰《だれ》がどのような目的で動いていたのか、最終的にどうして乱《らん》が起こったのか。とくに人物の気持ちの問題になると、歴史家《れきしか》の間でも議論《ぎろん》があります。保元《ほうげん》の乱《らん》、平治《へいじ》の乱《らん》ともに、はっきりと説明できない部分が残る、つまりまだ謎《なぞ》があるのが現状《げんじょう》のようです。保元《ほうげん》の乱《らん》、平治《へいじ》の乱《らん》でもよくあるのですが、歴史《れきし》について考えるときに、ひとつ注意しなければならない点があります。

それは、後に起こる出来事を前提《ぜんてい》にしてはいけない、ということです。今回で言えば、後に源氏《げんじ》と平家《へいけ》がはげしく戦うことを、私《わたし》たちは知っています。だからといって、保元《ほうげん》の乱《らん》、平治《へいじ》の乱《らん》の時点で、源為朝《みなもとのためとも》や義朝《よしとも》と、平清盛《たいらのきよもり》が互角《ごかく》の立場《たちば》で争っていたかのようにみなすと、誤解《ごかい》が生まれます。実際《じっさい》には、清盛《きよもり》のほうがかなり身分が高かったので、源氏《げんじ》対平家《へいけ》のように組にして考えるのは適切《てきせつ》ではありません。

もっとも、鎌倉《かまくら》時代に書かれた書物でも、源氏《げんじ》対平家《へいけ》で二つの乱《らん》をとらえていますから、現代《げんだい》の私《わたし》たちがそう考えてしまうのも仕方のないことでしょう。

しかし、清盛《きよもり》もかわいそうな人で、『平家物語《へいけものがたり》』ですっかり悪役のイメージがかたまってしまいました。歴史《れきし》上の清盛《きよもり》は、政治力《せいじりょく》が高く、大きな器量を持っており、日宋貿易《にっそうぼうえき》をすすめるなど、先を見る目もありました。安定した政権《せいけん》はきずけませんでしたが、貴族《きぞく》から武士《ぶし》へと、日本史《にほんし》の主役が変わる流れをつくった重要な人物です。

清盛《きよもり》の立場《たちば》から、歴史《れきし》を見てみるのも、またおもしろいかもしれません。

著者　小前亮（こまえ・りょう）

一九七六年、島根県生まれ。東京大学大学院修了。専攻は中央アジア・イスラーム史。二〇〇五年に歴史小説『李世民』（講談社）でデビュー。著作に『賢帝と逆臣と　康熙帝と三藩の乱』、『ヌルハチ　朔北の将星』（ともに講談社）、『月に捧ぐは清き酒　鴻池流事始』（文藝春秋）、『星の旅人　伊能忠敬と伝説の怪魚』、『渋沢栄一伝　日本の未来を変えた男』、「真田十勇士」シリーズ、「新選組戦記」シリーズ、『服部半蔵（上）（下）』（いずれも小峰書店）、『あきらめなかった男』、『フィリムの翼（上）（下）』（ともに静山社）、「三国志」シリーズ（静山社ペガサス文庫）などがある。

画家　斎賀時人（さいが・ときひと）

兵庫県出身・在住。嵯峨美術短期大学非常勤講師。フリーランスのイラストレーターとして活動。書籍の装画を中心にCD、広告、ゲーム等のアートワークを手掛けている。

ものがたり日本の乱3
保元・平治の乱　移りゆく勝者と敗者

2024年9月初版
2024年9月第1刷発行

著者　小前 亮
画家　斎賀時人
発行者　鈴木博喜
発行所　株式会社理論社
〒101-0062　東京都千代田区神田駿河台2-5
電話　営業03-6264-8890
編集03-6264-8891
URL https://www.rironsha.com

装幀　長﨑 綾（next door design）
組版　アジュール
印刷・製本　中央精版印刷
編集　小宮山民人

ISBN978-4-652-20610-2　NDC210　四六判　19cm　P142

ものがたり日本の乱

小前亮・著　斎賀時人・絵

1 応仁の乱

終わらない戦いが始まる

室町幕府将軍・足利義政には後継ぎがいないため、弟の義視を養子にした。その直後、正妻の日野富子が男子を出産したことから、幕府の有力者たちが、後継ぎをめぐり対立していく。

2 承久の乱

幕府と朝廷の絆がゆらぐ

源頼朝の死後、鎌倉幕府の有力者たちは権力闘争を繰り広げる。——なぜ、心をひとつにできないのか？　頼朝の妻・北条政子の思いが、やがて始まる朝廷と幕府の戦いを左右する。

3 保元・平治の乱

移りゆく勝者と敗者

鳥羽法皇の院政時代——。皇位継承をめぐって、崇徳上皇を支持する勢力と、後白河天皇を支持する勢力が、対立を深めていく。武家の頂点に立つ平清盛は、どちらに味方するのか？

以下続刊